带人高手

卓越管理者的领导智慧

贾琳洁（Aileen）◎著

THE
PEOPLE-CENTERED
LEADER

中国科学技术出版社

·北 京·

图书在版编目（CIP）数据

带人高手：卓越管理者的领导智慧 / 贾琳洁著 . —北京：中国科学技术出版社，2024.4
ISBN 978-7-5236-0443-4

Ⅰ．①带… Ⅱ．①贾… Ⅲ．①企业领导学 Ⅳ．① F272.91

中国国家版本馆 CIP 数据核字（2024）第 040182 号

策划编辑	赵　嵘	责任编辑	刘　畅
封面设计	仙境设计	版式设计	蚂蚁设计
责任校对	张晓莉	责任印制	李晓霖

出　　版	中国科学技术出版社
发　　行	中国科学技术出版社有限公司发行部
地　　址	北京市海淀区中关村南大街 16 号
邮　　编	100081
发行电话	010-62173865
传　　真	010-62173081
网　　址	http://www.cspbooks.com.cn

开　　本	710mm×1000mm　1/16
字　　数	271 千字
印　　张	20.5
版　　次	2024 年 4 月第 1 版
印　　次	2024 年 4 月第 1 次印刷
印　　刷	大厂回族自治县彩虹印刷有限公司
书　　号	ISBN 978-7-5236-0443-4 / F · 1205
定　　价	69.00 元

（凡购买本社图书，如有缺页、倒页、脱页者，本社发行部负责调换）

序

在这个充满竞争和变革的时代，有效的领导力变得至关重要。本书为我们呈现了一幅成功领导的全景图，揭示了在管理与激励下属、处理人际关系、选择与留住人才方面的精要智慧。

作者以深刻的洞察力，将管理之道呈现得淋漓尽致，每一章节都散发着实用性和可操作性的光芒。通过深入浅出的分析，我们被引导着去理解，去教导，去影响，并最终去留住那些对我们事业发展至关重要的人才。

本书通过"教会人"章节，教会读者如何交代任务，使下属能够圆满完成工作而不返工。作者提供了丰富的方法和技巧，助力我们建立一支高效的、能够协同作战的团队。通过"影响人"章节，帮助读者学习用正确的方式建立威信、处理与下属间的矛盾、化解误会，培养一种积极向上的工作氛围。

而"激励人"章节，则为我们展示了如何正确应对下属的拖延、处理"躺平"等情况，以及如何在赞美中激发团队的干劲。在"选对人"章节中，读者将深入了解到如何聚焦于"核心三原则"，精准选人，避免人才流失。

最后，"留住人"章节则指导我们在员工职业生涯的各个阶段，如何维系关系、提供支持，使团队更具凝聚力。

本书不仅是一本管理手册，更是一部引领我们在复杂环境中高效领导团队的百科全书。希望你在阅读的过程中，能够找到适合自己团队的方法和思路，成为一位卓越的领导者。

法国里昂商学院全球人力资源与组织研究中心联席主任
唐秋勇

— 自序 —
两个垃圾桶带来的领导力启蒙

2006年，我还是一名大二的学生。那年暑假，国际帆船赛在青岛举行。赛会面向大学招收志愿者，英语专业的我因为想尝试一些新的挑战，报名了从未接触过的工程部，最终幸运地通过选拔成为该部的一名志愿者。

带领我们这些学生志愿者的是从各政府机关单位抽调的有着丰富赛事运营经验的管理者。我到位第一天，我的领导就带着我到基地各处走动，边熟悉基地，边介绍工作内容。那时，部分场馆还在建设，各项设施也在陆续完善中，场馆筹建、大小设施的配备都属于我们部门的工作范畴。

当我们走到一座场馆旁时，碰到工作人员正从一辆货车上卸下两个崭新锃亮的不锈钢垃圾桶。工作人员叫住我的领导，询问这两个垃圾桶该如何安排摆放位置。我正拿起小本子准备记下领导是如何安排工作的，没想到他看向我，又转向工作人员，指着我说："由小贾决定。"

我惊讶地脱口而出："我？！"而他却用轻松又平静的语气回答我："对啊，是你。就按照你的想法做，你可以的。"于是，我来回打量场馆门口这块区域，选了我认为最适合的位置，请工人师傅将这两个垃圾桶端端正正地摆好，完成了我人生的第一项工作任务。

此刻写下这段故事时，我的嘴角仍不禁扬起微笑，记忆瞬间将我拉回到近20年前的这段场景中。我还记得那天的蓝天白云，在阳光下闪闪发光的垃圾桶，和领导对我不带一丝怀疑的眼神。那两个垃圾桶对我来说像披上了神圣的光环，在那个夏天开启了我由一个按老师想法做事的听话学生向自主做决定并付诸实施的社会人的转变。

几年后，我踏入职场并逐步走上管理岗位，在管理课上学到了一个名词——"授权"，猛然想起这段经历，原来，我的那位老领导，是用了"授权"的方式赋予我责任。不管是当时，还是后来，我都不觉得他是在刻意使用管理手段管理我，因为，当时我所感受到的内在力量和自信，不是单纯的管理方式所能赋予的。

管理方式的背后，是什么在真正地给人积极的动力呢？随着我的工作阅历、管理经验和领导力的提升，这个答案逐渐清晰且确定。这份力量的源泉，隐藏在管理手段背后，不具体却又是真实存在的——信任，是"我相信你，因为你本来就很好"的暗示与明示。

这段经历和感悟，犹如我的领导力启蒙课，在后来 15 年的职业生涯中，指引我带着"关注人"的态度去做一名人力资源从业者，一名中层管理者，一名咨询顾问。而这份"关注人"的主动意识，和不同身份下的观察角度和实践积累，也让我对一个领导者在带领下属时所面对的挑战有了更多面的认识，也有了更丰富的实战经验和解决问题的见解。

这些经验与见解，既帮助我在管理之路上见证了更好的自己，成就了更好的团队，也给了让本书得以成型的动力。

本书从中层管理者最典型的用人痛点出发，围绕教会人、影响人、激励人、选对人、留住人五大场景，覆盖 46 个常见管理挑战，囊括你能遇到的各类带人的问题。

你可以把本书当作工具书，在你的管理工作中遇到某个具体挑战时，通过对号入座的方式来查阅目录中的相应章节，寻找诸如以下各种问题的解决之道：

- 核心骨干突然提辞职了，怎么挽留？
- 补上的新人总是表现得不尽如人意，难道是我招错了人？
- 下属事无巨细地依赖你，我何时才能解脱并做点自己重要的工作？

- 下属一点就着，如何让他跟我好好说话？
- 新生代下属一言不合就"撂挑子"，该哄还是该立威？

我更期待你不只把它当作一本工具书，而是将之作为升级领导思维的枕边书。

本书结合黄金思维圈——what（是什么），why（为什么），how（怎么做）的思考逻辑，除了讲解大量关于"怎么做"的具体管理办法和解决问题的思路，对于你究竟面对的是"什么问题"，问题产生的"原因是什么"，你原本"为何那样想那样做"，下属又"为何如此表现""为什么推荐你使用新的方式"等，也着墨很多。

这为的是帮助你理解管理手段背后那股看不见的力量，从而使你在实践应用中借由这股力量起到真正的与下属共舞、形成互信关系、创建卓越团队的作用。

希望书中的各种管理方法和理念，能在你的管理之路上帮上一点小忙，体验与下属间的真诚互动，发现管理之美。真诚地祝愿你能够释放在管理上的潜能，在管理之路上越走越远，成为更好的领导者。

贾琳洁

目录

领导力现状自我评估测试   001

第一章 教会人

第一节 如何交代任务，能让下属圆满完成不返工   007
第二节 下属屡教不改，换种思路让辅导事半功倍   014
第三节 下属表现欠佳，这样跟他谈使改进效果立竿见影   020
第四节 下属能力不够却想升职，如何让他脚踏实地   026
第五节 下属事无巨细地依赖你，怎么做让他更独立   033
第六节 得力下属自尊心强，如何让他欣然接受指导   040
第七节 释放下属潜能，只需四个问题   045
第八节 只需九个字，让滔滔不绝的下属学会高效汇报   052
第九节 想培养下属的领导力，先得会选才能谈带   059
第十节 下属带小团队显吃力，怎样帮能体现不插手的艺术   064

第二章 影响人

第一节 想拒绝下属的提议，如何说不打击他的积极性   073
第二节 使用正确方式批评下属，下属不抗拒还要感激你   078

I

第三节	下属一点就着，如何让他跟你好好说话	084
第四节	下属吞吞吐吐，怎么让他和你说出心里话	090
第五节	面对爱哭的下属怎么办	097
第六节	下属间闹矛盾，如何正确处理不会有失偏颇	102
第七节	误解了下属，怎么挽回局面	108
第八节	下属冲你发牢骚，该如何化解他的怨言	113
第九节	遇到自己也不会的问题，如何保持在下属中的威信	118
第十节	下属不主动向你汇报工作进展，如何做让他转变	124

第三章　激励人

第一节	如何正确应对有拖延症的下属，让他变得行动有力	137
第二节	如何应对"无欲无求"的下属	143
第三节	这样赞美下属，他既爱听又干劲十足	148
第四节	下属没完成任务就下班，怎么做建立他的责任感	154
第五节	和下属一对一谈话，这样做既谈事又谈心	161
第六节	下属能力比你强，如何让他既忠心又努力	168
第七节	"00后"不好管，是因为你没读懂他要什么	174
第八节	告别泛泛之交，和下属建立深度关系	181

第四章　选对人

第一节	把握核心三原则，保你选人不跑偏	191
第二节	HR问你想要个什么样的人，你该怎么答	200
第三节	不管面试什么岗位，只需一个聚焦点	206
第四节	入职表现和面试相去甚远，问题出在哪	212

第五节	一个经典套路，将应聘者看入人里	218
第六节	面试一张白纸的应届生，怎么问出内容来	225
第七节	面试经历丰富的老司机，一小时不够用怎么办	232
第八节	入职不久就离职，稳定性难测的人如何面试	237
第九节	什么样的人更该选，什么样的人再好也不能要	242
第十节	这样做，让看好的人选义无反顾地加入你	247

第五章　留住人

第一节	如何让入职不久的新人顺利度过摇摆期	257
第二节	未雨绸缪，让下属的离职念头消失在萌芽期	265
第三节	核心下属突然提离职，怎么挽留他	272
第四节	得力下属裸辞只因累了，如何解读个中缘由	279
第五节	核心下属离职，如何稳定军心避免团队离职潮	286
第六节	把握下属离职的交接期，让好马也愿意吃回头草	292
第七节	下属表现总是不达标，如何好聚好散	297
第八节	下属心手相随，六个字说尽底层逻辑	303

后记　　　　　　　　　　　　　　　　　　　311

领导力现状自我评估测试

欢迎打开这本关于领导力修炼的书。在团队管理中，挑战无处不在，你是否时而因为下属的支持感到自信满满，时而又因为中坚力量的突然离职不由地自我怀疑？

如果你对自己目前的领导力状态有所感知但还不太确定，不妨在开始阅读正文之前，花几分钟时间完成以下测试，这不光能帮助你快速地了解当下自己的领导力所展现的状态，还能让你区分出你可以优先阅读本书的哪些章节，从而更快地解决你的困扰。

该测试共有 20 道题，请根据你的实际情况，为每一题进行 1~5 分区间内的打分（1 分表示完全不符合，5 分表示非常符合）。

序号	题目	1-完全不符合	2-较为不符合	3-一般	4-较为符合	5-非常符合	加和总分
1	我能够准确识别不同下属的工作成熟度，并匹配相对应的领导行为，使管理效果事半功倍。	□	□	□	□	□	
2	我能够灵活使用不同的辅导方式以应对下属在能力和行为上的差距。	□	□	□	□	□	
3	我能够将对下属的辅导融入日常管理工作中，而不是总在出现问题后才进行干预。	□	□	□	□	□	
4	我能够有效地培养和发展下属的领导力，为团队建设健康、可持续的领导梯队。	□	□	□	□	□	

序号	题目	1-完全不符合	2-较为不符合	3-一般	4-较为符合	5-非常符合	加和总分
5	我能够运用有效的方式拒绝或纠正下属的行为，使下属有动力改进。	☐	☐	☐	☐	☐	☐
6	我能够主动与下属建立良好的沟通关系，他们愿意向我表达自己的想法和感受。	☐	☐	☐	☐	☐	☐
7	我能够理解下属的负面情绪与状态，并帮助其找到解决问题的方法。	☐	☐	☐	☐	☐	☐
8	我能够在团队中建立良好的威信，使下属积极地支持团队的工作。	☐	☐	☐	☐	☐	☐
9	我能够有效建立与下属间的信任关系，提升下属的团队归属感与忠诚度。	☐	☐	☐	☐	☐	☐
10	我能够激发下属对潜在成就或自我提升的动力。	☐	☐	☐	☐	☐	☐
11	我能够通过有效方式激发下属的责任感。	☐	☐	☐	☐	☐	☐
12	我欢迎团队中有能力比我强的下属，并能够运用有效的方式使其愿意支持我并积极地投入工作。	☐	☐	☐	☐	☐	☐
13	我能够针对团队关键岗位建立清晰的选才标准并一以贯之。	☐	☐	☐	☐	☐	☐
14	我掌握了专业的面试技巧，能够充分且有效地挖掘候选人的信息。	☐	☐	☐	☐	☐	☐
15	我能够准确地评估候选人与岗位的适配度，总能做出正确的选才决定。	☐	☐	☐	☐	☐	☐
16	我能够有效地吸引人才加入团队，很少错失人才。	☐	☐	☐	☐	☐	☐

序号	题目	1-完全不符合	2-较为不符合	3-一般	4-较为符合	5-非常符合	加和总分
17	我很清楚影响团队成员稳定性的关键因素，并善于建立相关机制来提升团队的敬业度与稳定性。	□	□	□	□	□	
18	我很了解团队成员的稳定性，很少出现措手不及的下属离职现象。	□	□	□	□	□	
19	我能够前瞻性地提升下属的稳定性，而不是总在下属提出离职后被动干预。	□	□	□	□	□	
20	我能够运用灵活有效的方式应对关键下属的离职决定，提升他的留任意愿。	□	□	□	□	□	

完成测试后，请依次将每 4 道题目的分数汇总，并对应测试结果识别你在不同方面的团队领导力的状态。根据结果，你可以优先选择得分相对偏低的章节阅读。当然，你也可以按照本书的顺序依次详读，相信本书中经典的管理场景和可落地的管理方法一定会让你大有收获。

题号	1~4题	5~8题	9~12题	13~16题	17~20题
对应领导力	辅导能力	影响力	激励下属	选拔人才	保留人才
对应章节	第一章 教会人	第二章 影响人	第三章 激励人	第四章 选对人	第五章 留住人
分数参考	每 4 道题目代表一种领导力，每组满分 20 分。 17~20 分：你目前在该项领导力上表现非常出色，请继续保持 13~16 分：你目前在该项领导力上表现良好，请继续精进 12 分及以下：你目前在该项领导力上仍有提升空间，请加大投入力度				

CHAPTER 1

第一章

教会人

第一节
如何交代任务，能让下属圆满完成不返工

上下级之间有一种痛，是互相折磨的痛。上级给下属布置任务，觉得自己已经说得够清楚了，可下属做的根本不是上级想要的，上级需要一遍遍地让下属改正；下属也不好过，他觉得他做的就是上级要的，却一遍遍被打回来返工，暗自埋怨上级不珍惜他的劳动成果。这种痛来上几个回合，可谓是两败俱伤，上级会觉得这个下属能力有问题，而下属会认为上级不知道想要什么，只知道不想要什么。

一个任务的成功完成，源于任务发起的准确性。你跟下属在布置任务时交代得越准确，下属理解得越到位，任务达成期望值的希望就越高。在现实中，布置工作这件事可能常常被你一笔带过，三言两语就完成交代，而把更多的精力和时间放在员工的执行上。这种本末倒置的结果是，前面节省的时间会在后面的返工中加倍偿还。

下属的"内心戏"

回顾一下你平时是怎么给下属布置工作的。下面这个场景你熟悉吗？

"小李，你把上一季度各门店的销售数据汇总一下，今天下班前发给我，明天我开会要用。"

听到这个指令的小李，有如下几种"内心戏"：

- 明天是什么会？要这个数据是做什么用？我是只汇总数据还是要出分析方案？从什么角度分析？
- 领导要的数据应该就是上个季度我给他做过的那种，这回给他做个一样的就行。
- 这回怎么要得这么急？有些门店的信息拿不到，这可怎么办？

面对这些不同的"内心戏"，小李有可能会向你提问确认，也有可能出于认知的局限或者想当然，领了任务就回去做了。如果是后者，这三种"内心戏"就依次对应了这种布置工作方式带给下属的三个问题：

（1）不知道这个任务的目的是什么。

（2）不知道自己的做法对不对。

（3）遇到问题不知道该怎么办。

有效布置工作的三个步骤

如果管理者不能有效地下达工作指令，而依赖于下属的认知和主动性，那么下属在后续执行过程中就会隐患重重。为了规避这一问题，把工作布置清楚，可以遵循三个步骤：澄清任务背景与目的、确认关键做法以及双方达成一致。

步骤一：澄清任务背景与目的

不光告诉下属你要他做什么，更需告诉他你为什么需要。有时，你没有做后者，是因为你以为下属能想你所想，但其实有时你自己也没怎么想清楚。以下三个自我启发的问题，可以帮助你思考任务的目的。

- 通过布置该任务，我需要解决什么问题？

"近两个月的销售总额均有下滑，我需要通过销售数据来识别这种下滑是偶发的还是持续的。"

- 为什么解决这个问题是重要的？

"这决定了我在明天的会议上向上级申请何种支持，以实现及时止损。"

- 我想要的结果是什么？

"我希望数据能够尽可能充分地证实问题是什么，并判断出上级可能会就数据追问的问题，提前做好准备。"

步骤二：确认关键做法

将任务目的解释清楚，任务就已经成功了一半。而为了促成任务进一步成功，你既需要告诉下属为什么要做，又要告诉他你希望他如何做。

下属根据了解到的任务目的，开始在脑中勾勒具体的执行步骤。这时，得力的下属可能已经心中有数，但也可能因为任务具有挑战性，哪怕是成熟度高的下属，也有不知从何下手的情况。

不管是哪种情况，你都需要从你的角度告诉下属你的具体期待，让有想法的下属印证自己的想法，让没想法的下属得到明确的方向。

根据任务属性的不同，你可以选择按照时间型、步骤型、结构型、组合型四种方式讲解执行方法。

（1）时间型：多用于沟通型任务，用时间线规划任务。例如："请你今天下午和人力资源部确认好新人的上班时间，明天上午 10 点前通知行政部门做好新人入职的准备。"

（2）步骤型：用于按一定顺序开展的任务。例如："你先收集近一年的市场数据，再把公司今年的数据统计好，对比市场和公司数据，形成洞见。"

（3）结构型：用于含有不同子元素的任务。例如："请务必在下周三前完成所有展会的筹备工作，确保布展、客户邀约、礼品采购、样品准备等工作都到位。"

（4）组合型：是指将时间、步骤、结构组合说明的任务，多用于较为复杂的情况。

步骤三：双方达成一致

布置任务不是单向的你说给下属听，你表达得再清楚，下属也难免会因为理解能力、对背景的了解不足等因素，损耗甚至误解一定的信息。所以，布置工作是双向沟通，有来——你对任务背景、目的和做法的介绍，有回——员工对你所说信息的确认，只有这样才能形成沟通闭环，及时发现需澄清的问题，最终确保双方达成一致。

达成共识的三种方法

有三种方法能帮助你和下属达成共识。

方法一：请下属提问

此方法是必用方法，你对任务背景、目的和做法的介绍一完成，就可以立刻请下属提问。你可能会说:"我问下属了啊,他说'都明白''没问题',结果交回来的作业很有问题。"那么,你是怎么问的呢?

如果你问的是"听懂了吧?""没什么问题吧?"这种封闭式的问题,下属就只能回答是或者否。而这种提问带有"你不会有什么问题"的期待,员工也往往不会回答"否",而更倾向于回答"明白了,没问题"。

想让下属提出问题,你得优先问对问题。只需要把封闭式提问转换为开放式提问,效果就会大为改变。

- "针对我刚才说的内容,你有什么不理解的地方吗?"
- "你有什么问题吗?"
- "你觉得有什么挑战吗?"

这样问,下属就可以打开话匣子,你不光能够听到需要进一步澄清的问题,还有机会听到下属需要你哪方面的支持,从而尽早地为其提供资源。

方法二:请下属复述

你也许会碰到这种情况:你用正确的方式提问了,但下属确实回应他没有问题。对于常做的任务、能干的下属,或者对事情背景来龙去脉很了解的下属,也许他真的没有问题。不过,但凡不属于以上情况,都建议你再次确认他的理解。邀请下属复述,就是一个非常简单且有效的方法。

"我刚才介绍了这么多,你能谈谈你对这些内容的理解吗?"

"对于接下来该怎么做,你有什么打算?"

在下属的复述中,或者是他对下一步的打算中,你能很快发现在他的理解和你的期待间是否有出入、哪里有出入，就可以及时地进行校准、澄清。

方法三：打个小样

现代职场中，知识型工作多见，意味着执行这些任务的知识型工作者会通过个人对任务的理解，调用知识、能力、经验去完成任务，这些任务通常没有标准的唯一答案。

因此，你的任务交代得再清楚，下属的理解再到位，也不可能保证结果没有一分一毫的差别。为了及时纠偏，而不是下属回去费了很多时间精力把成品带回给你时才发现存在大的偏差，可以先请下属花一点时间打个小样、做个框架出来，经你确认方向没有问题后，再沿着这个正确的方向继续执行。

"根据我刚才的介绍，你先列一个行动计划跟我核对一下。"

"你先搭一个数据分析的框架，没问题的话你再开始具体的分析。"

还记得前面交代给小李的那个数据汇总的任务吗？接下来，我们尝试着使用三个布置任务的关键步骤，来模拟一下交代任务的过程。

第一步，澄清任务背景与目的。

"小李，你帮我汇总一下从上季度开始至今的各门店销售数据。我发现近两个月的销售总额均有下滑，我需要通过销售数据来识别这种下滑是偶发的还是持续的。明天我正好和王总有会，我打算跟王总汇报一下这个情况，如果形势不乐观，我会向他争取资源支持。我希望你的数据能够尽可能充分地证实问题是什么，预估王总可能会就数据追问的问题，并提前在数据上做好准备。"

第二步，确认关键做法。

"数据要体现各维度的对比，包含所有门店销售总额与各门店销售额、同比与环比，以及门店对异常数据的解释。时间紧张，一会儿我会跟各门店店长打好招呼，让他们把不完整的门店数据补充完整，方便你调取数据。"

第三步，双方达成一致。

"针对我刚才说的内容，你有什么不理解的地方吗？觉得有什么挑战？如果没有的话，你说说你的下一步打算吧。你可以结合你的理解，先出个数据框架，下午两点前我有时间，咱们可以先碰一下。"

第二节
下属屡教不改，换种思路让辅导事半功倍

在工作中，你有时会遇到因下属工作表现不佳而带来的挑战。他们或者之前表现还可以，但突然进入了一个下滑的阶段，或者从来没让你省心过。有的不遵从规则，有的拖延交付任务时间，有的总上手不了新任务，有的老是犯同样的错误。你也教了、谈了、批评了，可是顶多好几天，没几天又变回老样子。你很无奈，心想是不是还有什么不知道的辅导工具没用上。

这是辅导中常见的场景，也是作为上级常有的误区。因为太想让下属转变行为，于是一头扎进解决问题的行动里。当 A 方法不管用，就想着切换 B 方法、C 方法。但其实，想让辅导有效，在寻找解决问题的具体方法前，需要先搞清楚下属表现不佳的原因是什么，才好对症下药。

就像医生看诊，虽然观察到病人头痛，但不会直接开药方，而是通过问诊、做检查等方法，找到病因，再给出治疗方案。

管理者关注做什么，领导者聚焦为什么。

那么，当一个下属出现工作表现不佳的情况时，我们可以考虑哪些原因呢？不外乎三种原因：能力、意愿、外力。

能力和意愿

一个团队里，成员们的背景、履历、经验、能力各有不同，对一项工作任务的胜任程度一定会有差异，甚至两个工作经验差不多的下属在不同

情境下也会发挥不同。显而易见,你需要因材施教。

组织行为学家保罗·赫塞(Paul Hersey)博士和管理学家肯尼思·布兰查德(Kenneth Blanchard),在20世纪60年代末提出了"情境领导理论"。该理论认为只有领导者的行为与下属的成熟度相适应,才能取得有效的领导效果。

要了解下属在工作上的成熟度如何,离不开两个关键元素:能力和意愿。能力代表是否具备做好这项工作的知识、经验、能力;意愿代表个人是否有足够的动力,也就是是否有积极性去应对这项工作。二者缺一不可,互相促进。

能力和意愿在水平不同的情况下,组成了下属四个不同阶段的成熟度。

阶段一:能力低、意愿低或不安

这个阶段通常会出现在新人身上,比如应届毕业生,或者刚刚调任至新岗位的下属。他们对工作的新鲜感较强,但是能力还没有达到这个新岗位或任务的要求,所以不太自信。

你需要使用告知式领导风格,即,你说他做。

在布置工作任务时,将任务的提交时限、执行方式、成果要求等一一和下属说明,并且主动确认他的理解,鼓励他对不理解的地方进行提问。

提交成果时,切忌说:"行,你回去吧,我帮你修改。"这样不但会让下属本身能力的提升打折扣,也把本该他们承担的责任揽在了自己身上。

正确的做法是手把手带着他修改,指导过后仍要求他去完成最终修改,并再次提交给你。如果仍有不足,应如此反复几轮。

阶段二:有一些能力、有意愿或自信

这个阶段通常会出现在有一定经验的下属身上。他们逐渐能够开展一

些常规的事务，虽然整体能力还有不足，但意愿比较强，自信心也提升了。

这个阶段需要使用推销式领导风格。重点是向下属解释决策的原因、任务的背景以及目的，并且主动给予下属机会提问和澄清理解，让下属从心理上完全接受任务。

这个阶段的下属能力还有不足，仍然需要持续的指导，并且要让他看到自己在这份工作上还有哪些以及多大的提升空间，使其感受到持续地投入是有价值、有回报的。

阶段三：有能力、意愿低或不安

这个阶段的下属对工作比较游刃有余了，不光能够独立处理常规工作，也能做优化、组织协调等任务。但也许因为发展的困惑或者职业倦怠，出现动力水平较低的状态，突然怨言增多了，或遇到新任务开始往外推。

这时需要使用的是参与式领导风格。为了激发下属的动力，在工作的决策上、问题的解决上，不妨多邀请下属参与。一方面，培养下属从"会做事"到"会做决定"的能力，另一方面，邀请也意味着对下属的认可。

阶段四：有能力、有意愿且自信

这个阶段的下属被放置在一个非常适合他的岗位上，并且其他的客观因素也能够提升他做这份工作的意愿。处于该阶段的下属不仅能发挥其能力，还能提升其价值。

他们是后备梯队上的关键人才，建议多使用授权式领导风格。在工作的配合上，不再是明显的自上而下的指导，而更多地变成对复杂问题进行头脑风暴、共同探讨工作目标、授权其更重要的任务。

可以与其共同商议任务的方向、目标，而不主动干预其具体执行手段和方式。只要适时跟进进度，给到所需的支持，就能做到风筝线在手，任风筝在空中飞翔。

外力

每个月月底的最后一天前，下属小李都需要提交一份数据报告。这份报告可以帮助公司管理层及时了解并处理数据异常情况，从而做出更明智的业务决策，其重要性不必多说。

小李是半年前接手这个任务的新员工，做得还不错。然而最近连续两个月，他都迟了两天才提交数据报告，并且报告里还存在诸多错误。尽管你连续两次提醒和辅导他，解释任务的重要性并强调准时交付的必要性，但在第三个月，他仍然没能及时提交令人满意的报告。

按照惯性思维，出现这样的问题，你会很容易将问题原因归结为能力问题，或者是意愿、态度问题。但当你尝试过提升其能力或纠正态度后仍没有效果时，就需要思考是不是还有什么别的影响因素。这个因素，就是外力，也就是外部阻力。虽然外力未必每次都是下属表现不佳的关键原因，但如果在该引起重视时完全忽略它，只从下属的能力和意愿上剖析，就容易误解下属，也起不到改进作用。

当你带着"也许还有外力因素"这种思维再次跟小李谈时，你会了解另一个故事。原来，小李刚接手的那几个月之所以能完成得比较好，是因为各个负责给他提交分部门数据的同事都比较配合，能在月底前三天交齐数据。虽然数据量比较大，但小李能充分利用好这三天，并在最后一天完成。然而最近两个月，有一个部门的对接人换人了，总是拖延不说，态度还不太好。小李催不动又不敢多催，得等到最后一天快下班时才能收齐数据。所以，小李只好加班到深夜，第二天再奋战一天，才能在下个月月初的第二天交上。因为时间仓促，他又很着急，所以错误也多了起来。

这样看，小李出现的问题不在做这项任务的能力和意愿上，而在阻力上。确定了这一点，你就不会再花功夫去提醒小李要更仔细，或者帮他梳理怎么能做得更快，而是将问题定位在如何帮助他学会跟不配合的人沟通，以及自己作为上级可以协调什么资源来共同解决这个问题上。

原因背后的原因

要想精准地改进，还需要了解原因背后的原因。以下清单包含了能力、意愿、外力三方面背后可能存在的更深层次的原因，可以帮助你根据下属的实际情况定位到更聚焦的辅导点上。

能力问题：

- 缺乏专业知识和技能。
- 缺乏相关经验。
- 缺乏良好的学习方法。
- 对工作的要求不清楚。
- 对新环境适应力不足。

意愿问题：

- 对工作内容本身不够有兴趣。
- 缺乏自律和自我激励。
- 对工作目标和价值无法理解或认同。
- 缺乏团队合作精神。
- 对公司文化和价值观的认同和适应不足。
- 工作疲劳或厌倦。

外部阻力问题：

- 职业生涯发展受限。
- 工作压力过大。
- 上级的领导风格对双方信任感存在负面影响。

- 家庭和个人问题干扰工作表现。
- 公司资源分配不足。
- 工作时间和地点不合理。
- 合作伙伴或客户关系存在问题。
- 技术落后影响工作效果。

第三节
下属表现欠佳，这样跟他谈使改进效果立竿见影

你已经掌握了识别下属表现不佳原因的方法，定位到是下属的能力、意愿或是外力出现了问题，这为后续的重头戏——辅导奠定了基础。可是，作为管理工作重要组成部分的辅导工作却不那么容易掌握，常常是你的一片良苦用心换来下属的不买账、不高兴、学不会的回应。

因此，虽然辅导看上去就是简单地教员工做事，但想要做到既让员工欣然接受又能切实改进，需要做到九个字：善反馈、会指导、勤复盘。

善反馈

你是否熟悉以下场景？

下属小A工作表现一般，你平时工作繁忙，从没正式指出过他的问题。一晃一年过去了，到了年底绩效打分的时候，你给他打了"及格"。本以为他应该对自己的表现心中有数且默默接受这个结果，没想到他压根不觉得自己表现不好，并且生气地要求你给他一个合理的理由。你一时回忆不起所有的问题，举了最近一次他做的有欠缺的例子，但他并不接受。

下属小C的情况有所不同。虽然他同样工作表现一般，但你确实给过他多次反馈。你给的反馈包括"小C，你下次还需要再尽力一些""你做的跟我的期待还是有差距""你需要对自己设定更高一点的标准"，等等，可

是一年下来，你并没有看到小 C 有什么进步。

对下属小 F 你是最尽心尽力却又最失望的。你几乎抓住了一切时机给小 F 反馈。陆陆续续地，你反馈过他的不足之处包括：不够仔细、不够耐心、沟通不够高效、PPT 做得不够简洁大方、想问题太片面、跟同事相处时不够有亲和力，等等。你给了这么多反馈，小 F 不但没积极改正，反而越发萎靡不振了。

以上三个场景，分别对应了在给下属工作反馈时的三个误区：不够及时、不够具体、不够聚焦。下面我们来依次说明。

第一，及时性。作为领导，你并不希望下属的问题像滚雪球一样越滚越大，到最后难以收拾；作为下属，他也不希望完成任务的过程看似风平浪静，之后突然得到一个表现不佳的判定。

所以，当发现下属的表现有改进空间时，最好的方法是趁事件还在进程中，趁下属的记忆还清晰，趁你的判断没有因时间长而失真，尽快找机会给下属反馈。

大多数下属对自己的表现状况是有盲区的，尤其是在值得改进的行为上，这受到自我认知和观察的局限。让下属有客观且准确的自我评估，这其实代表着你对他有很高的期待。你可能有过这样的经历，你表扬下属时，他很惊喜，因为他没想到这个行为值得称赞；当你给下属指出问题时，他没想到这个行为所造成的影响。及时反馈，既能及时止损，又能最快地给下属改进的机会。

第二，具体性。如果你给下属的反馈是一系列形容词，那就需要警醒了。诸如"态度要更积极""还不够耐心""更高效些"这些常见反馈用语，虽然挑不出错来也通俗易懂，但往往是你觉得你说明白了，下属也觉得他听明白了，但回头他还是不知道该怎么改。

给下属反馈，最终目的并不是让他懂某个道理，而是让真实的改变发生。这就需要把"更积极""不够耐心""更高效"转换成具体的、能指导员工行为的表述。

比如，将"小李，你看你这次的报表又有不足，下回要更仔细、更耐心地检查"转换为"小李，你这次的报表中有两处不该犯的错误，上次的报表中也出现过。这种错误其实是完全可以通过对比原始数据检查出来的。下回再做时，务必对比两回，没问题了再提交"。

第三，聚焦性。有时，你做到了前两点（及时性和具体性），但又做得过了一些：下属准备一次演讲，你洋洋洒洒给出了20条不同的改进建议；下属执行完一个项目，你从沟通能力、项目管理、时间管理、压力管理、影响力各个维度都提了意见，希望他全面提升；过去一个季度，你频繁地给下属反馈，每次反馈都是一个新的方面。

你能给出下属如此及时和具体的反馈，说明你真的在认真观察他的表现，但一股脑地反馈给下属，他往往不会领情，也不会去改。原因在于，改进点太多反而失去了重点。下属既搞不清楚到底要从哪里改起，又一下子完不成这么多的改进。

那么，在一段时间内给出改进点的反馈，应该如何遵循聚焦性原则呢？我们可以依据以下三点评估。

第一，与下属所处岗位的关键胜任力相关。

第二，与下属为实现当下工作任务的关键目标所需的能力相关。

第三，在众多改进点中先解决最关键项。

会指导

你是否经历过这种情况：针对一个问题，给下属讲了不下三遍解决方法，下属直呼你讲得太好了，你也成就感提升，但回头一看下属交上来的东西证明了他还是不会。或者，为了带好下属，你带着他跑业务、谈客户，让他在旁边看着你谈，你以为接下来他能够"照葫芦画瓢"，但等他做时却错漏百出。

你也尽心尽力了，可问题出在哪里呢？问题在于，这种我说你听、我做你看的方式，适用的是学知识、学理论的场景。而在工作中，不仅要学会方法，更重要的是要在实践中操作。听你讲、看你做是学会做的基础，但还需要通过以下两步让知识转化成下属自己的经验。

第一步：从"我说你听"到"你说我听"

针对要辅导的话题，先跟下属讲解思路、流程、方法，随后不是让下属马上回去执行，而是请他讲一讲听了你的讲解后，他是如何理解思路、流程、方法的，以及他打算回去怎么做。

例如，你可以说："小李，刚才我给你讲的思路，你能说说你的理解吗？你打算回去后具体怎么做？"

这样做，一方面，你能够验证下属是否听明白了你教的是什么；另一方面，下属讲一遍，尤其是带着自己的理解讲一遍，使他在无形之中带入了自己的思考。有了思考，你传授的知识和他本身之间才有了连接。

第二步：从"我做你看"到"你做我看"

"我做你看"比"我说你听"又前进了一大步。"看你做"比"只听你说"更有画面感，下属能观察到任务的全过程以及个中细节。不过，从"做给下属看"到"下属能独立做"之间，还缺了一层——下属通过自己试着做来得到上级的及时反馈，从而理解为什么这样做，哪些行为做得对，哪些需要校准，会遇到何种问题，以及该如何解决。也就是，你先做，给下属树立一个可以模仿的榜样，然后让下属做，你在旁观察。有你在，下属心中有底，可以勇敢发挥，在试做的过程中获得经验和形成反思。

勤复盘

经过了"你做我看"的过程后，你又收集到了新的可反馈内容。这时，你可以使用前文讲的反馈方法及时指导下属，或者使用更有效的方式——复盘法，引导下属自发改进。

复盘，原是围棋用语，指对弈者下完一盘棋后，重新在棋盘上把对弈过程摆一遍，看看哪些地方下得好，哪些地方下得不够好，还有哪些地方可以下得更好。

同样，应用在辅导中的复盘，就是请下属将执行任务的过程回顾一遍，看有哪些关键动作，每个动作背后和之间是否有需要考虑的地方，什么动作和思考对任务结果有促进，什么拖了后腿。具体可以通过四个步骤，配合相关问题，启发下属做好复盘。

第一步：对比目标与结果

- "对于这项任务，一开始你给自己设置的目标是什么？"
- "跟你的预期相比，你如何评价任务的结果？"

第二步：叙述过程

- "你是如何一步步地展开行动完成任务的？"

- "有哪些关键行动？"
- "之所以这样做，是因为当时你有哪些思考？"

第三步：识别优势与机会

- "你认为你做了什么对结果起到了推进作用？为什么这么说？当时你是怎么想的？"
- "有什么地方不利于任务的达成？当时你是如何考虑的？为何那样做？"
- "如果再来一回的话，哪些做法你会保持？哪些做法你会调整？如何改变？"

第四步：明确下一步

- "你的自我观察与反思很深入，如果先选一个机会点去改进的话，你打算从哪里做起？"

虽然你并没有直接给出你的观察和反馈意见，但是你通过有效的提问帮助下属自主地复盘了整个过程，找到了做得好的地方和改进之处。这比直接提供建议更能让下属形成自我经验并能更积极、主动地投入自我提升中去。

第四节
下属能力不够却想升职，如何让他脚踏实地

上级和下属间的"乔哈里视窗"

下属小李在一次你和他一对一的例会上，向你提出想要升职的想法。他认为自己已经达到了升职要求，询问你什么时候能够给他升职机会。小李虽然平时工作中规中矩，偶尔也有出彩的地方，但距离你心目中升职的标准还有欠缺。于是你回应他，时候还不到，让他再努力。

结果，他听了你的答复后很不高兴，认为你对他不公平，第二天就提出了离职。这事搞得你也很郁闷，你平时对他不错，明明是他能力不行还对自己没有正确认知，却怨在你身上，真是有理说不清。

虽然升职决定权在你，但是通常你会认为下属应该对自己的能力水平心中有数，也能看清当前是否有晋升机会，从而或知难而退，或默默地继续努力。

但那些想升职的下属的内心却有很多不为你知的心理预设，让他们有理由认为自己该晋升了。具体情况如下。

- 时长："我在公司工作了这么长时间，该轮到我了。"
- 付出："我在部门最艰难的时候陪着挺过来了，没有功劳也有苦劳。"
- 竞争："和我同时进入公司的同事都升职了，我也应该升职。"
- 比较："和这个刚升职的同事比我也不差，为什么给他机会不给我？"

- 成绩:"今年我做成了这个大项目,领导应该会用晋升来嘉奖我。"
- 经验:"在这个岗位上我已经积累了足够多的经验,没有人比我更熟练了,该把我升到下一个级别了。"
- 授权:"领导今年让我帮他做了几个项目,这一定是在为我晋升铺路。"
- 人缘:"我在团队中的人缘一向很好,也享有一定的威信,这是晋升的必要条件。"
- 背景:"团队中我的学历最高,在公司资历也最老,晋升机会肯定是我的。"
- 直觉:"我觉得我该升职了。"

看了下属这么多的心理预设,你是不是倒吸一口冷气?你和他们对可否晋升这件事的认知,差的不是一星半点。谈到原因,不妨先来了解一个模型——"乔哈里视窗"。

"乔哈里视窗"也被称为"自我意识的发现——反馈模型",是由乔瑟夫·勒夫(Joseph Luft)和哈里·英格拉姆(Harry Ingram)在20世纪50年代提出的关于沟通的技巧和理论。根据这个理论,人的内心世界被分为四个区域:公开区、隐藏区、盲目区、未知区(图1-1)。

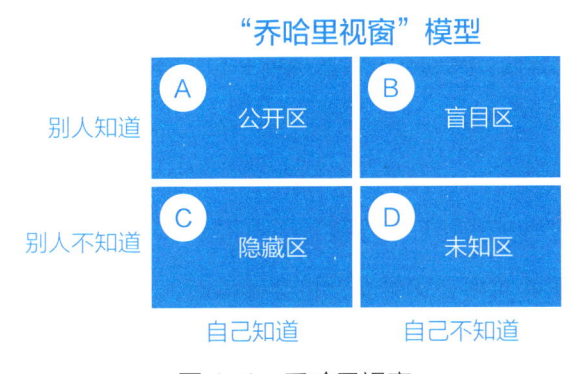

"乔哈里视窗"模型

	自己知道	自己不知道
别人知道	A 公开区	B 盲目区
别人不知道	C 隐藏区	D 未知区

图1-1 乔哈里视窗

公开区：是企业或组织中你知我知的信息；

隐藏区：我自己知道别人不知道的信息；

盲目区：别人知道关于我的信息，但我自己并不清楚；

未知区：双方都不了解的全新领域，它对其他区域有潜在影响。

真正有效的沟通只能在公开区内进行，因为在此区域内，双方交流的信息是可以共享的，沟通的效果也更容易令双方满意。但在现实中，很多沟通者对彼此都不够了解，很无奈地进入了未知区，沟通的效果也就可想而知了。

我们来看看在晋升这件事上，你和下属之间的沟通信息差是如何在"乔哈里视窗"中体现的。

公开区：部门没有建立过清晰的晋升标准，或者建立了没发布，或者发布了没说清楚。

隐藏区：你知道下属没达到晋升要求。

盲目区：你不知道下属认为自己该升职了。

未知区：你和下属彼此不了解对方关于晋升的看法。

这些信息差造成了彼此对晋升这件事认知的错位，日积月累，等到突然当面捅破这层窗户纸时，就容易不欢而散。

为了预防这种问题出现，我们既要提升晋升标准在部门内部的公开程度，又要将你和下属之间对晋升的认知共享、澄清，将隐藏区和盲目区转化为你们之间的公开区，从而在一个区域内互相理解并协商有效的解决方案。

预防措施

每当遇到下属向你表达对晋升机会不满时，及时针对当下的状况去解决每个问题固然是一种办法，但难免显得被动和低效。只有用长远的目光看待问题，从建立机制入手，做好预防措施，才能有备无患。

第一步：建立并共享标准

如果没有现成的晋升标准，那么部门可以在人力资源部的协助下花一些时间创建部门内各岗位的晋升标准，而不是依赖于团队里约定俗成的主观认识去决定晋升与否。

晋升标准中既需包含逐级岗位的关键职责，又需涵盖每个岗位对胜任力、经验、价值观的要求。尤其是经验，指的是在向下一级晋升前，需要积累哪些在下一岗位关键职责中的必要经验。这样做为的是让下属理解，晋升的前提不光是做好目前岗位的职责，还需要开始承担下一级岗位的职责，并在经验的积累中展现能力和潜力。

创建好标准后，向团队成员解释标准、澄清问题，确保大家对标准理解准确。同时，最好也向大家澄清，晋升机会除了取决于员工对下一级岗位的准备度，还受时机、机遇的影响，以此来管理大家的期待。当然，遇到有潜力的下属，即便能够预见在一段时间中部门内缺少机会，也可以帮助下属寻找跨部门机会、关键项目、学习机会和轮岗机会等。

第二步：评估下属的能力与潜力

有了晋升标准后，你就有了评估下属准备程度的尺子。每年对你的下属进行盘点，对能力与潜力打分，做到心中有数，并且有客观依据（图1-2）。

第三步：了解发展意愿，制订辅导计划

定期在一对一面谈中主动谈及发展话题，了解下属对自己工作现状的评价，以及对下一步发展的预期和想法。为什么是定期呢？因为下属的发展期待是会随着他的个人状态和外在环境影响发生变化的。也许去年他还

	低	中	高
高	熟练员工	绩效之星	超级明星
中	基本胜任	中坚力量	潜力之星
低	问题员工	差距员工	待发展者

绩效（纵轴）／潜力（横轴）

图 1-2　人才盘点九宫格

因为不想承担过多压力而对成为管理者不感兴趣，今年他就因为看到和他同期进入公司的同事晋升，转而认为自己也应该努力一次。

当下属提出对晋升有明确意愿时，你就可以根据你在第二步对他能力、潜力的评估，给出你对他的发展建议，并倾听他对于自己的能力评估。在双方对下属的现状、发展周期都有比较一致看法的基础上，一起商讨发展与辅导计划。

第四步：及时反馈差距

有很多下属，尤其是对晋升可能性的自我评估有偏差的下属，认为没有得到上级的建设性反馈就代表其工作做得是令人满意的。

相较于表达对下属赞美和鼓励的积极性反馈，建设性反馈更侧重于指出下属的问题和提供改进的方向和建议。因此，由于工作繁忙或是不好意思，你可能在下属工作出现偏差时，较少甚至不给下属提供建设性反馈。但这样的回避所导致的结果就是，下属并不知道自己无法胜任目前的工作，或者与完成下一级工作是有差距的，他以为自己做得不错，你和下属因此又进入了"乔哈里视窗"的隐藏区和盲目区。

救火措施

你可能会问,如果前期预防措施做得不到位,出现了像下属小李的情况,你确实觉得以他的能力现状谈晋升为时尚早,那么该如何挽回不欢而散的局面呢?具体解决步骤有二。

第一步:表示抱歉和欣赏

对没有及时了解到下属对晋升的期待表示抱歉,同时向其表示欣赏其追求发展的愿望。你可能会想,他的能力根本就不够,还对自己的能力评估有偏差,为什么要我表达歉意,甚至还要表达欣赏之意呢?

原因在于,发展是下属需要追求和努力做的事,但识别下属的发展可能性、提供发展机会是管理者的责任。就像"师傅领进门,修行在个人"说的,"领进门"的工作还是需要管理者来做的。

关于欣赏,不管下属目前能力水平如何,当你去思考他想要晋升背后的动机时,总会找出积极的理由。归根结底,想要晋升是对自己有期待、有要求的表现。那么对于这样的动机,你应该对下属回以激励,而不是质疑、排斥。

第二步:创造发展机会

对自己能力评估有偏差的下属,很难通过你单方面的评价认识到问题。同时,当你给下属机会时,有一定概率能够激发出他未曾展现的潜力。不管是为了让他重新审视自己的现状,还是给他一个证明自己的机会,即使下属目前所反映出的能力水平与晋升标准有差距,当处于"救火"状态下,还是可以为他创造提升的机会。

我曾经有一位下属，在谈话中提出对管理岗感兴趣。虽然以我日常对他的观察，判断他的能力并未达到可以做管理的程度，但我仍然允诺帮他创造机会。在有位主管因生病而休假的几个月间，我请他暂代主管管理这个小组，并给他提供领导力方面的辅导。当那位主管回归时，这位下属主动找到我，说他觉得管理岗不适合他，因为他不光要做好自己的工作，还要为团队成员的问题负责，这让他劳心劳力、内耗很大，所以他希望赶紧将管理工作交还给原主管。

通过这样的方式，一方面，下属会感谢你重视他的发展意愿，另一方面，让他有机会切身体验理想中的岗位。有了切实可信的自我评估和观察，你再与下属沟通其发展方向时就容易多了。

第五节
下属事无巨细地依赖你，怎么做让他更独立

背猴子的管理者

作为团队领导，你遇到过以下这几种情况吗？

- 下属一遇到问题就向你求救，完全不自行思考。
- 没有你，下属就不敢做任何的决定，一定要得到你的确认。
- 你对下属做了不少培训，但是你还是对他们不够满意。你感叹，他们真是赶不上当年你的业务能力。
- 你每天都陷入日常工作和解决下属的问题当中，忙忙碌碌，分身乏术。

如果在以上这四条当中你中了其中任意一条甚至更多，那么很有可能，你背上了原本该待在下属身上的猴子。

"猴子理论"是由著名的企业管理专家威廉·安肯三世（William Oncken, Ⅲ）在畅销书《别让猴子跳回背上》里面提出的。它主要指工作中出现的问题或者任务就像一只猴子，当管理者不断地从自己的下属那里接管这些问题或任务时，这只猴子就会跳到管理者的背上，让管理者产生负担，而下属则不用承担自己本应该承担的责任。如果不改变这种状态，那么管理者将承担越来越多的压力和工作量。

下属的猴子往你身上跳，一定有下属自身的原因。可能出于他的能力或者经验不足，碰到了新问题拿不准该如何解决，也可能出于个人意愿，接手的任务或者遇到的问题不在其舒适区，很想把这只猴子扔出去。

但同时，下属的猴子之所以总是能跳到你身上，也有你自身的原因，甚至，主要是因为你。看到这儿，也许你会连连否认，自己已经够忙了，当然希望下属能把他们的猴子背好，你好腾出精力来管理好自己身上的猴子。你早就因为整天为下属救火而头痛不已了，怎么会主动造成这种局面？我们不妨看看，下面提及的因素是否有你的影子呢？

因素一：对错误的容许度低

如果你要求特别高，眼睛里揉不得沙子，就会不由自主地特别关注细节和工作任务完成的准确度。那么不管下属能力如何，你总会放心不下，总想着跟进下属工作的全过程，时时为他把关，处处给他指点。

因素二：对下属的信任度低

谈到这一点，也许你会立刻反驳，自己很信任下属，你和下属的日常关系也很融洽。这里谈到的信任其实包含两个层面，既包含你是否信任下属这个人，又包含你是否信任他的能力。

当你觉得自己才是那个对工作最上心、最有责任感的人，并且也是最具备能力去把这件事情做好的人的时候，那么相应的，你对下属的信任就降低了。这时，就会出现员工做着做着，你就直接拿过来自己做的情况，因为只有自己做才最令人放心。

因素三：舒适区的吸引力大

举个例子：小李在还是普通员工的时候就是处理客户投诉的高手，后来当他晋升成主管的时候，还是把大量的精力和时间放在处理客户投诉上。看上去，他是在帮助下属解决问题，但实际上，这里面很可能隐藏着小李主动选择了去优先处理那些他比较擅长的领域，而回避了作为管理者他本应该投入更多精力和时间但却对他来说更具备挑战性的工作内容。

因素四：助人的成就感大

你特别看不得员工遇到困难时手足无措或情绪低落的状态，当员工向你投来求助的眼神时，你的助人心立马跳出来，让你忍不住说："放心吧，我来！"你沉浸在员工赞许的眼光中，成就感爆棚。

无论是下属的因素还是你的因素，下属的猴子跳到你背上，对双方都是弊大于利的。对你来说，增加了本不该有的职责而变得更加忙碌，挤占了你做好自己工作职责的精力，既耽误了你的工作，又对你的继续提升与发展造成了阻碍。

对下属来说，他没有机会独当一面处理问题，这会一直成为他职责的缺口、能力的短板。长此以往，你的能力成为团队的天花板，而团队的能力会停滞不前。

那么，如何将职责归位，让下属不光能背着他的猴子，还能背得稳当呢？

合理规划你的管理时间

你每天花大量时间跟你的下属一起工作，沉浸在帮助他们解决一个又一个棘手的问题中，虽然很累，但也欣慰于自己尽了当领导的责任。可意外的是，你的上级却对你不满，嫌你的精力没有用对地方，该产出的地方没产出。你在这个职位上也好几年了，当主动跟上级谈及你的发展机会时，上级却流露出你晋升还为时尚早的意思。你委屈又郁闷，不知道还要怎么做才能让上级满意。

其实，问题就出在，你对你的管理时间在分配上的理解有偏差。支持下属诚然重要，但它只能占用你一部分的管理时间。合理的时间管理需要同时兼顾六个方面：

第一，针对团队目标的设置与达成进行计划与组织。

第二，承接上级随时交代给你的职责范围内的任务。

第三，自我发展以及承接上级为了发展你而交给你的任务。

第四，支持下属的任务开展与能力发展。

第五，职责范围内要完成的各项任务。

第六，与内部各平行部门及客户、供应商等建立良好关系的工作。

虽然你现在支持下属已经非常忙碌，但当了解了以上六项都需要你分出时间去关注时，你是否觉得自己的时间更加宝贵了呢？

因此，下一回，作为一名销售团队主管的你，如果获得了一份潜在客户联系方式的名单，你是决定自己通过逐个打电话发展这些客户，还是交给下属去做呢？相信你能做出正确的选择，因为还有好多只唯有你能背的猴子在等着你。

升级下属的自由层级

自由层级指的是下属在遇到问题时可采取行动的自由程度。它分为了五个层级：

第一层级，需等待上级的指示。

第二层级，需向上级请示要做什么。

第三层级，可以向上级提出建议，然后按照上级的决定行动。

第四层级，可以先行动，但要尽快请示上级意见。

第五层级，可以独立行动，向上级例行汇报即可。

下属所处的自由层级越低，在解决工作问题时其所处的角色越边缘化，行动越被动，对你的依赖就越强，占用你的时间就越多。

想办法将下属从第一层级和第二层级升级到第三层级及以上，这将释放下属的潜能，让下属更多地承担主人翁角色的责任，从而大大释放你的可支配时间。而自由层级的升级离不开两点，一是通过你的辅导不断提升下属的能力，让下属具备升级的基础条件；二是通过你创造更为开放、容错的环境，来给下属提供升级的土壤。

反逆向管理

一天下午，下属小李找到你抱怨。

"领导，这个月的报表又差王经理他们团队的数据。他们总是晚交，明天就得提交给总部了！"

"是嘛，别急，等我给王经理打个电话催一催。"

"好嘞，谢谢领导，您一出马肯定分分钟搞定，那我就等您的信了！"

到了下班点，小李对还在埋头苦干的你说："领导，别忘了跟王经理要数据，要不明天咱就交不上报表了！"

说完他就拎着包走了，留下了背了一身猴子的你。

这是一个典型的逆向管理的例子。做报表、收齐数据的本来应该是小李，有团队没交数据，应该想办法的人也是他。但是，只是几句话的工夫，这任务就由小李派给了你，还对你这个上级行使监督权。可以想象，要是你一忙忘了跟王经理要数据，耽误了第二天的报表上交，这错也自然地归到了你头上，因为是你主动地把责任迁移到了自己身上。下属变成了你的上级，而你变成了执行任务的下属。

要避免这种情况，就需要做到反逆向管理。

第一，觉察自己的惯性反应。

在改变之前，先建立意识。自我观察一下，每当下属向你求助，你的下意识反应是什么。你可能立马产生了"我要保护你"的念头，或者脱口而出："放心吧，我来！"

那么，下次遇到这种情况，先控制住自己这脱口而出的回应。

第二，将问题反问回去。

当下属问："领导，王经理他们团队又没交数据，真是急死了，您说怎么办呢？"

你反问："你能想到什么办法呢？"

但凡你确信这是下属该履行的职责，并且他有能力解决这个问题，就可以用"你觉得呢""你怎么想""你有什么打算"之类的话术，将思考的责任转回到下属身上。

第三，提出明确的期待。

当下属问："领导，要不您去催一下王经理？"

你可以回答："小李，我可以去找王经理，不过我期待你能自己把这个问题解决，我也相信你有这个能力。你可以先去搞明白，这两个月他们没有按时提交数据的原因是什么，然后再思考利于长期的解决方法。去吧，今天下班之前，我期待你的反馈。"

有时候，下属不是不能做，而是他不知道他可以靠自己完成。提出你的期待，适当给一些指导，让他去尝试，并提醒他有进展要跟你汇报。让他背好自己的猴子的同时，你也背好了辅导他的猴子。

第六节
得力下属自尊心强，如何让他欣然接受指导

跟工作表现不佳的下属谈话固然不简单，不过因为问题明显，相对来说还是比较容易切入主题，让下属快速地认识到问题。而有一种下属让你左右为难，想谈又不好意思点破，点破又不容易被对方接受，他们就是工作能力强且自尊心强的下属。

他们大部分时候都表现优秀、积极主动、不怕苦不怕累，是团队中的中坚力量，但人无完人，他们也有做得不够好的地方。然而，你发现他们又很好面子，每次你一给意见，他们就竖起了倒刺，不是强调客观理由，就是不愿接你的话茬。

面对这种情况，你可能会有两种截然不同的应对方式，要不就是将指正进行到底，一有问题就给他们指出来，希望通过多次指正让他们认识到自己的问题；要不就是回避辅导，心想他们已经不错了，与其让双方都不开心，不如就睁一只眼闭一只眼吧。

可是，无论是追击还是回避，你会发现问题始终在那里，这像一个不能轻易碰触的雷区，如鲠在喉。

你心里明白，这种得力下属作为梯队建设中的关键人才，你是应该帮助他们成长的。那么，究竟该如何做，才能使他们欣然接受你的指导，从而获得提升呢？

在讨论怎么做之前，我们需要先弄清楚这类下属为何抗拒你的指导建议。

通常来说，你评价一个下属自尊心太强，是因为他在面对批评或指正

时的如下反应：

- 抵触和反感
- 气馁和沮丧
- 无视和回避

他们没有用积极、正面的情绪和行动来回应你的指导，这种对外在刺激的回应是自尊心强的展现，而自尊心的强弱又受到个体自尊水平的影响。

自尊水平，指的是你如何看待自己，是否喜欢你眼中的自己。你对自己越自信，对自己在优缺点上的评价越客观、稳定，你的自尊水平就越高，面对外界对你的评判时就越能以积极客观的态度去应对，展示适宜的自尊心。

所以，当你面对一个表现出过强自尊心、过于保护自己的下属，不是因为他太自信，而是因为他缺乏自信。

你对他的批评和指正，马上会被他转化为一种对他个人价值和能力的否定，而不是被看作是对他有用、有帮助的信息。

他会把这种指正看成一种自我的失败，他或因不想承认这种失败而抵触、回避，或因承认了这种失败而沮丧、失落，但无论是二者中的哪一种，都不利于建立自信，从而投入新的行动中去。

再加上，过去通过他的努力和付出，他确实已经做出了一定成绩，成了你的得力下属。你作为能够评价他的人中的权威人物，你对他的直接反馈，又尤其能够触发他的自信水平的波动。换言之，他尤其担心他在你心目中是否一直是那个优秀的下属。

谈到这里，你是否对那个抵触你的得力下属多了一些理解？他抵触的不是你，而是经由你的评价、指正，他产生了一系列内在的负面心理活动。

所以，想要辅导好这类下属，需要站在他们的角度设计一些量身定制的做法。

看不见的艺术

这类工作表现优秀的下属其实是很敏感的，他们对自己犯错的敏感程度，要远高于对自己做得好的地方的关注。

一场演讲下来，下属卡壳了，或者有个别的错误，那个对这个错误记得最清楚的人，不是旁观的你，而是他自己。

这时，当他下场时，你无须当面指出来。因为他已经懊悔至极了，想找个地缝钻进去，不断地回顾过程，想象着如果自己当时能改变做法，让错误避免发生就好了。

这时，他最怕你当面揭开这个问题，如果你能理解他心里的想法，最好的做法是视而不见。回应他一个微笑，或者给他一句鼓励，告诉他你觉得他哪里表现得好。

"讲得不错，对客户这么刁钻的问题你反应得很快嘛！"

他也许什么也不会说，也许会不好意思地主动承认自己表现得不好，你只要回馈以安慰就好了。一个对自己要求高的优秀下属，是不会在你的善意下无动于衷的，他只会在心里感激你，然后默默要求自己下次做得更好。

维护他的自尊心，是让他积极改进最好的良药。

抓大放小

没有人是毫无缺点的，再得力的下属在工作中也难免有些小失误。如果对于他的任何问题，你都想要给他指出来帮助他提升，虽然出发点是好的，但却可能失去重点，让下属认为你只关注不重要的细节，忽略了他做的更有价值的行动和结果。

你的下属刚完成了一个大项目，从立项、计划、组织、协调到落地都亲力亲为，完成得可圈可点，最后也很好地达成了项目目标。通过你的观察，他还有两个地方可以做得更好，一个是在跟高层领导汇报项目进展时，思路和表达需要更清晰、更有逻辑；一个是项目计划表在视觉化方面可以做得更好些。那么，从对一个优秀的项目经理的期待上，显然是前者对这个下属更有意义，后者哪怕确实有改进空间，也没有必要给建议。

对下属发展起关键作用的机会点，才是真正需要给予指明和辅导的地方。

更重要的是谈期待

有时，下属已经表现不错了，在指出他的问题时，如果能以当下的问题为契机，着眼对他未来的期待，效果会更好。这样，下属能够意识到现在的改变是实现未来期待的必要路径，也能够因了解到你对他有更长远的期待而感到被重视、有价值。

例如，你的下属不愿意跟另一个部门的某个同事打交道，因为他不喜欢对方的沟通方式。每次跟对方对接工作时，下属都想拉上你。

你也知道，虽然那个同事确实说话比较冲，但是工作能力还是不错的，你的下属的工作也需要这个同事的支持。

这时，虽然当下要解决的问题是让下属得到这个同事的支持，好顺利开展工作，但只谈眼前这个问题是不足以打动下属做出改变的。从长远来说，下属需要学会的是如何跟与他不一样，甚至不同频的人打交道，从而获得他人的信任和支持，这样他的人际影响力才能提升，并为未来带领更多元化的项目团队做好准备。这个长远的期待，能够让下属跳出对这个不配合同事的不满，专注于实现自我提升的练习机会。

期待是信任与希望，它给人做出改变的动力。

共同讨论工作方案

既然是得力下属，你交代给他的任务通常不会太简单。当下属费了九牛二虎之力做出方案时，他就会对方案报以作品的心态。当他呈交给你时，内心是期待你的表扬的，但往往这种复杂的任务不会一次通过，你难免要给出改进建议，甚至要求大的改动。这时，对于自尊心强的下属来说，很容易产生抵触心理。

所以，对于比较复杂的任务，最好能和下属一起讨论方案。在讨论的过程中，你们二人是共创、互相启发的关系，头脑风暴各自的观点，互相点评优点和缺点，共同形成对方案的一致性意见。在这个过程中，让下属降低对评判的敏感度，通过智慧的碰撞发现你的好观点、好意见，从而自然而然地接纳它们。

不是我给你意见，而是形成"我们"共同的想法。

第七节
释放下属潜能，只需四个问题

你的下属最近在同时推进手头上的几个项目，因为要兼顾的任务繁多，所以有些手忙脚乱。他找到你，向你寻求辅导。

"领导，我现在手上有三个项目，交付期都在三个月内。我感觉要规划和执行的事情好多，摸不着头绪，又担心耽误了交期，压力好大。您给我点建议吧。"

你会如何回应呢？下属都问你的建议了，看上去直接给出解决方法是最快捷也最符合下属期待的。于是，你这样做了。

"小李，我建议你先把项目甘特图做出来，这样就知道都要做哪些事，且分别都需要在什么时候完成了。"

下属小李觉得你说得很有道理，打算回去立马就做。可过了几天，你发现他依然一副焦头烂额的烦恼状态，一问才知道他并没有按你说的去做甘特图，而是仍然想到该干什么就一头扎进去，应接不暇地推进各种事项。

你不理解，为什么给了建议他又不去用呢？

领导者当然需要给下属建议，但想让建议奏效需要符合三个条件。

- 问题的复杂性不太高，给建议比较容易，也比较容易执行和见效。
- 你很了解下属所面对问题的背景、原因，以及他已经采取过的对策、他的状态和需求，可以一针见血地给出能解决问题的关键建议。
- 对问题解决的时效性要求高，需要短平快地给出建议，快速行动。

回到下属小李的场景，以上三条都不符合。所以单纯采用给建议的方式，很可能会换来以下结果：

- 下属不认为你的建议能解决他的问题，否定你或者不去做。
- 下属认为你不了解他的状况。
- 下属执行了你的建议但是发现没什么效果，对你辅导的有效性产生怀疑。
- 下属觉得自己无能，只能按照你说的去做。
- 下属觉得羞愧，耽误了你的时间。

为了避免以上负面的结果，让下属在面对问题时既能靠自己解决，又能获得成就感，在问题比较复杂、时间上没有那么紧迫的情况下，用向下属提问的方式会比直接给建议更加有效。因为，有力的提问会带来一系列好处：

- 下属感到被尊重。
- 激发下属的潜力，由下属想出解决办法。
- 下属更有动力去执行他自己想出来的办法。
- 下属在思考、行动的过程中检验有效性，积攒经验，并且获得能力的提升。
- 下属对你的信任感增强。
- 你的领导力得到提升。

因为提问的目的是启发下属自发地找到解决问题的方法，所以提问的前提是先明确为了什么而提问，也就是澄清要解决的问题是什么。下属通常直接抛过来一个个问题，但通常这些问题不是真正的问题，它们只是现状。

比如，下属跟你说他最近的压力很大，这只是问题的表象，造成压力大背后的根本原因才是那个真正要解决的问题，也许是工作量问题，也许是和同事起了冲突。找到根本原因，也就是根本问题，才能就着问题讨论解决方案。

想要透过现象识别根本问题，可以使用"是什么"追问法。

小李："领导，我最近的压力好大。"

你："是什么给你带来了压力呢？"

小李："最近三个项目都启动了，好多事要同时做，我好担心自己做得不够好。"

你："是什么让你有了这种担心呢？"

小李："其实其他两个项目还好，项目A对专业背景的要求挺高的，我不是专业出身，总是会被客户问一些专业性高的问题，有时我答得不好，就担心影响了客户的满意度。"

你可能已经发现了，"是什么"完全可以替换成"为什么"。实际上，这种提问确实是在深挖"为什么"背后的"为什么"，但是，当你问对方"为什么"的时候，容易给人造成抵触情绪，因为这会让对方感觉你是在质疑他。所以，当你总是在问"为什么"时，对方很自然地就会开始自我辩护，或者不愿谈下去。而把"为什么"替换成"是什么"，就平和、客观了很多，能够让对方顺着你的追问不被情绪干扰地深入思考。

有力的提问不在于数量，而在于质量。质量好的提问，具备两个最关键的特点。

开放式而非封闭式

封闭式问题只能得到"是"或"否"的回答，它的答案是唯一的、非黑即白的，欠缺创造性和发散性。

而开放式的回答内容不尽相同，下属可以有更多思考、发挥的空间，思考过程不仅有利于想法和思路的形成，还因为下属在更多地讲他的想法，让其在谈话中更有主人翁的感受（表1-1）。

表1-1 开放式与封闭式提问的对比

开放式提问	封闭式提问
你还能想到哪些问题？	你还有问题吗？
如果再给你一些时间，你还能想出一到两个什么样的办法呢？	你还有什么其他办法吗？
如果接下来这样做，你会有什么想法呢？	接下来就这样做吧，没问题吧？

以"5W2H"作为提问的开头，是开放式提问的典型技巧。

- What（什么）：指问题的本质和内容是什么，需要解决什么问题。
- Why（为什么）：指为什么解决问题是必要的，其背景和原因是什么。
- Where（在哪里）：指问题发生的地点或位置在哪里，或者问题产生的影响在哪里最为显著。
- When（何时）：指问题何时开始，何时结束，或者问题对组织和人的影响何时最为严重。
- Who（谁）：指与该问题相关的人员和组织，以及哪些人需要参与解决该问题。
- How（如何）：指如何解决这个问题，需要采取什么样的行动和措施。
- How much（多少）：指需要付出多人的代价，实施措施需要花费多少资金和时间等。

积极的而非评判的

能让下属感受到被质疑的提问,通常属于两个类型,反问型和诱导型。

反问型

虽然是以问题的形式出现,但实际上它包含了个人感情色彩和评价的态度。

- "难道你不是在避重就轻吗?"
- "难道你真的想一直这样下去吗?"
- "你不是真的这样想吧?"

当问出这种问题时,你心里其实已经有了评判,而下属也会很快意识到你内心的想法和对他的看法,或是换来他的抵触,或是沉默以对。

诱导型

诱导型是将下属引入你所期望的回答中,它不像反问型带有情绪上的刺激,但却因为它不易察觉,悄无声息地把你的评判带入到了提问中,同样会影响提问的效果且不自知。

- "如果我是你我会很生气,我想你也是这样吧?"
- "这两种方案看上去后者更直接有效一些,你觉得呢?"

相对应的,积极的提问能使下属获得希望和动力,并提出自发的、聚焦未来的想法。

- "虽然困难重重，但过去你确实扛了过来，是什么让你坚持到现在呢？"
- "假如你解决了这个问题，对你来说意味着什么呢？"
- "你提的这两种方案听上去都不错，你觉得相比较来说，你更倾向哪个，原因是什么呢？"

GROW 模型——四个经典提问

提问是一门可以一直精进的能力，有没有什么比较简单、快速的提问方式，来应对大多数激发下属潜能的谈话呢？答案是"GROW 模型"。它将一次跟下属关于解决问题的谈话分成了四个关键步骤，每个关键步骤由一个关键提问构成。按照 GROW 的先后顺序向下属提问，能够保证这场谈话从框架上和方向上都对下属有较好的指导意义（表 1-2）。

G（Goal）：理清目标——你想达到什么样的目标？

R（Reality）：澄清现状——目前的情况是什么样子的？

O（Option）：探索方案——你有哪些选择和方案来实现目标？

W（Will）：强化意愿——下一步你想从哪里开始？

表 1-2　GROW 提问模型

模型	问题
Goal	你想达到什么样的目标？
Reality	目前的情况是什么样子的？
Option	你有哪些选择和方案来实现目标？
Will	下一步你想从哪里开始？

让我们结合本节所介绍的好提问的特点及 GROW 模型，把前文通过"是什么追问法"已将问题定位清楚的案例表述完整。

你:"我了解了,你的问题在于,认为自己在专业背景上有所欠缺,所以对达成客户的满意度信心不足。那么,你达到什么样的目标会感到满意呢?"

小李:"我希望我能够比较充分地回答客户在技术上的 80% 的问题。"

你:"能看出你很想做好这件事,并且对自己有比较高的期待。目前的情况是什么样子呢?你能回答出多少问题?"

小李:"我觉得有一半左右。一些基本的我都能回答,但客户一追问,我就不太确定该怎么答了。"

你:"那针对追问的这部分内容所产生的与你期待间的 30% 的差距,你有哪些选择和方案来实现你的目标呢?"

小李:"我觉得我可以整理一份客户比较关注的问题清单,然后提前做准备,也可以请教专业出身的同事,让他们提供经验,再或者,也可以请有经验的同事和我一起参加跟客户的沟通,帮我补充回答,我能借此机会学习。"

你:"你一下子想出了三种方法,听上去都很不错。下一步你想从哪里开始呢?"

小李:"我觉得先整理问题清单比较高效,整理完成后我就可以请教同事帮忙补充答案了。"

你:"我支持你的想法,下周的会议上我很期待听到你的进展。"

小李:"好的,没问题。"

第八节
只需九个字，让滔滔不绝的下属学会高效汇报

最近，下属小李工作表现不错，他在负责一个大项目，为了激励他，你带着他参加公司的高层会议。他需要用十五分钟的时间提纲挈领地向高层领导汇报项目进展、遇到的挑战和下一步计划，以引起高层的关注和认可。

但是，他一开口你就后悔了。你给他划的重点，他都抛在了脑后，却沉迷于琐碎的细节中，思路发散、逻辑欠缺，也不和在座的领导们互动，自顾自地沉浸在演讲中。

眼看十分钟了，连项目进展还没讲完。高层领导看向你，你不免尴尬，有苦说不出。

其实这不是偶然，你回想起平常和小李的沟通，说任何事他都不太可能在五分钟内结束对话。他总是东拉拉、西扯扯，跟你说大量的细节，让你感到无从下手，无法很快地发现他要表达的重点和关键信息，总得仔细听上一阵、问好几个问题才能明白。

过去因为你比较了解他的工作，并且他的表现还不错，所以虽然沟通上有些费劲，但你没太在意这个问题。但经此一事，你意识到，这样的状态长此以往会引发如下问题。

- 对下属来说，他的工作表现会因表达欠缺而大打折扣，不利于他的职业发展。
- 对你来说，这种沟通其实占用了你大量管理时间。
- 对和他配合的内外部合作伙伴来说，消耗过多沟通时间会影响大家

的工作积极性。

- 对他负责的工作来说，因可能让和他配合的人对沟通内容产生误解，会或大或小地影响工作结果。

所以，帮助下属在汇报工作、阐述问题和观点时更加高效、明确和有焦点，就显得格外重要了。

我们先来分析一下下属为何如此。

第一，没想明白沟通的目的。不管下属是什么信息都一股脑地讲，还是抓着一个细节喋喋不休，抑或是在各种信息维度上来回"横跳"，都不是因为事情太复杂、想说的太多，而是他不知道自己想说什么，为什么说，说完了想要达到什么目的。

第二，缺乏逻辑表达的意识和技巧。因为没有得到过来自上级或他人关于沟通有效性的反馈，所以对因沟通表达造成的问题不自知。或者是虽然知道有这个问题，但没有经过逻辑梳理、高效表达的刻意练习和准备。

第三，人际敏感度不足。人际敏感度指的是一个人对他人的感受和情感的敏感程度以及对此做出反应和处理的能力。一个人的人际敏感度越高，他将越能识别和理解别人的情感和需要，并做出相应的行为和反应，改善与他们的关系。在和人互动的过程中自顾自地说，不关注对方的反应，发现了也没有意识到这意味着"可以到这儿了""对方不感兴趣了""对方听不懂了"，就很难快速地调整自己的行为。

结合这些沟通行为背后的原因，可以使用"做约定""善提问""供练习"这九个字来帮助下属提升汇报与沟通的能力。

做约定

下属人际敏感度不足，就很难做到换位思考。因此，很多时候他并不是故意占用你很多时间，滔滔不绝地说个不停，而是根本没有意识到这是个问题。加上你不好意思打断他，或者直接指出他的问题，他就更不知道自己需要做出改变。

当下属临时来找你说，"领导，项目周期的事情我想跟您汇报一下，请示一下您的意见"时，你如何回答决定了时间的掌控权是否能回到你手上。先不直接回答"好的，你说吧"，而是回问："你需要多长时间？"话匣子一打开就收不上的下属通常会说"一两分钟就行"，但你根据经验也知道，没个10分钟他不会放你走。结合下属的回应，预判一下可能需要的时间，根据你此时的忙碌程度，用三种不同的"做约定"的方式让下属意识到，沟通是一件需要双方共用时间的事情，他不能随时占用他人的时间。

（1）限时。如果预估你俩的谈话要花10分钟，而你在15分钟后要参加一个会议。你认为可以现在谈，但在开始谈事之前，先告诉他你俩可以交谈的时间有多长。

"我15分钟后有个会议要参加，还需要提前5分钟过去。因此我现在有10分钟的时间，你想用这个时间说这个事情吗？"

（2）改时。如果你现在很忙，哪怕你预估只需要10分钟的谈话，也建议你不要勉强答应下来，不然你可能做不到专注地听他讲话，再加上他还有可能超时，你会更加着急。不如跟他约定一个最近有空的时间。

"不好意思，我现在有些忙。你这个事紧急吗？如果不急的话，今天下午 4 点以后我有空，那个时间咱们谈可以吗？"

（3）定时。如果这个下属经常需要跟你请示、汇报工作，为了避免总是临时沟通，最好能有固定的一对一谈话时间。这样，只要话题不紧急，下属会自然地将汇报工作安排在周期性会议中。

"如果不紧急的话，咱俩明天就有一对一会议。我们可以在那个时候具体谈。"

善提问

很多时候，管理者对下属的辅导是润物细无声的，而提问正是这样一种无声胜有声的好工具。

当下属跟你汇报工作或者请示问题时，从你的角度出发，最关心的无非三件事：①问题是什么；②目的是什么；③有什么依据来辅助你做判断。当下属做不到高效表述这三件事时，就需要你来辅导他讲清楚这三点。好消息是，你仍然只需要九个字，就可以得到这些信息，达到让下属更高效沟通的目的。

"为什么？"

听下属讲问题，如果明显不是根本性问题，使用"为什么"来确认。同时，"为什么"三个字是打断话匣子的法宝，当下属开始滔滔不绝地讲细节时，用"为什么"把他拉回到问题上，驱使他停下来思考清楚再表达。

小李："生产经理说这周不能按时交付样品，领导你说怎么办？这个客户同时也在对比别家供应商，咱要是延迟了可能就错过这单了。"

你："样品有什么问题，为什么不能按时交付了？"

小李："产线上有台机器出了故障，得两天后才能修好。"

你："之前也出现故障过，当天就能修好，为什么这回需要两天？"

小李："之前是王总特批的加急维修，这回应该是没呈报给王总。"

原来，问题既不是怎么跟客户交代，也不是怎么催生产交付，而是怎么加急维修故障机器。

"所以呢？"

当问题确认了，下属又陷入细节当中。你听了半天，也不知道他想让你做什么。这时，就要上第二件法宝——"所以呢"。这三个字的言下之意就是，你跟我说了这么多，你的结论是什么？你想要寻求什么帮助？你打算怎么做？

小李："客户昨天晚上到今天不停地问我样品怎么样了，能不能按时交。我跟客户说了机器出了点小问题，但没敢跟客户说交不了了。"

你："所以呢？你怎么想？"

小李："我觉得这单必须拿下，打算跟生产经理沟通一下，是否可以报批王总，加急维修机器。"

"还有吗？"

当下属明确了目的，也有了行动方向，有时你还需要从下属那里获得更多信息来支持你做出正确的判断。"还有吗"三个字可以帮助你捕捉下属遗漏的关键信息。

你:"还有吗？还有哪些信息需要跟我同步的？"

小李:"哦，对了，客户说他们的李总很关心这事，可能会找您。"

你:"好的，你尽快去跟生产经理沟通走加急流程，中午12点前给我一个反馈，随后我会跟李总解释一下。"

供练习

经过你提问的点拨，下属可以渐渐理解在汇报时你的关注点是什么，能够顺着你的引导提升汇报效率。不过，你肯定希望他能提升能力，而不是每次都依靠你的辅助。况且，下属的沟通、汇报并不只针对你，他跟合作伙伴、其他部门、其他同事沟通时都需要一定的能力。因此，在"做约定""善提问"的同时，还需要给下属提供刻意练习的机会。

汇报任务重要且不紧急时，是最好的刻意练习时机。比如给高层汇报，怎么也需要几天准备时间。

你可以给下属讲解几种常见的汇报结构，让他选择适合的做相关的准备，然后在正式汇报前做演练，这样能让他既学会使用科学工具，又能提前得到你的反馈，不光在汇报时发挥更好，也逐渐提升了自己的能力。

这里推荐两种好用的汇报结构。

What-Why-How 黄金思维圈

- What（什么）：面临的问题或要达成的目标是什么。
- Why（为什么）：问题背后的原因或目标背后的背景、动因是什么。
- How（如何）：解决问题的方案或达成目标的行动计划是什么。

SCQA 框架

- Situation（情境）：问题的背景、情况是什么样的。
- Complication（复杂性）：问题的复杂性是怎样的，产生了何种挑战、冲突。
- Question（问题）：基于前面的情境和复杂性，引出要解决的特定问题，并定义该问题。
- Answer（回答）：围绕问题提出可行的解决办法。

第九节
想培养下属的领导力，先得会选才能谈带

作为管理者不仅要关注自己的成功，也要着眼于如何把自身的领导经验和技能分享给他人，通过激励和培养他人的领导力，取得更长远的成功。

在实际的领导工作中，因为你的团队规模和结构的不同，有时你领导的并不全都是个人贡献者，还有几位基层主管或经理，那么提升他们的领导力将是你实现团队高效且健康运营的关键职责。

同时，你的上级也会期待你培养好自己的接班人，这样不仅有利于团队的梯队建设，也是你下一步晋升所要做的必要准备。

《论语·子张》中提到，"学而优则仕"，意思是进修学业有余力，就去做官。在影视圈也流行着"演而优则导"的说法，表示一个演员在演戏这方面做得比较出色了，如果对影视有了一定了解，就可以转型从事导演的工作。

类似的情况也发生在管理中，常常是你发现某个下属在其岗位上工作得很出色，你就提拔他成为管理者。可是，就像"演而优则导"的演员转型成功案例不多一样，这样提拔上来的管理者也常常不尽如人意，你发现他们可能会出现以下的表现：

- 还是一头扎进专业事务里，对带领团队做事既不情愿也不擅长。
- 搞不定团队成员大大小小的人际沟通问题，难以服众。
- 对要定的方向、要做的决策摸不着头脑。
- 视各种变革、机遇为挑战，感到压力很大。

为了应对这些情况，你深陷于对他们周而复始的辅导和补窟窿中，比

你自己带团队还累。究其原因，是管理者和个人贡献者相比，职责发生了很大的变化，从靠个人把事情做好，变为带大家把事情做得更好。这就带来了对管理者不同的要求，并需要你在培养下属的领导力时，先得会选人，然后再谈带人。

管理学家劳伦斯·彼得（Laurence Peter）根据千百个在组织中不能胜任的员工的失败案例，分析归纳出了著名的"彼得原理"：在等级制度中，每个员工都应被提拔到他所不能胜任的职位上。彼得指出，员工由于在原有职位上工作成绩表现好，被提拔到更高一级职位。其后，如果继续胜任将进一步被提拔，直至他所不能胜任的职位。

也就是说，你的下属在其岗位上做得出色，只体现了他在现岗位上的能力不错，并不能保证他在下一级岗位，尤其是管理岗上依然能表现出色。现岗位职责完成得好，是达到胜任下一级岗位的门槛，更重要的是要着眼于潜力，看他是否能在更高的层次上发挥能力。

那么，对于管理岗，最应该看重的是哪些要素呢？

潜力

学习敏锐度

管理者要处理的问题，逐渐脱离了个人贡献者所需要的专业知识技能的范畴，是由各种不确定因素综合而成的复杂问题。这就要求管理者能够拨开迷雾看本质、思维敏捷、快速掌握新知识来应对挑战场景。看不清问题就指不明方向，团队就会跟着管理者不合格的决策原地打转甚至白费力气。

如果你的下属总是展现清晰的思考逻辑，能够一针见血地看出问题本质，善于快学快用，那就表明他具备良好的学习敏锐度。反之，如果你发现他难以理解或难以讲清楚有一定复杂性的逻辑性的事务，只能在狭窄领域内钻研，难以跳出固化思维，那么他未来在复杂事务的判断和处理上大概率会比较吃力。

人际敏锐度

如果说学习敏锐度更偏向智商层面，人际敏锐度则偏向情商。相较于个人贡献者，一个管理者的人际影响辐射范围扩大，不仅要影响自我，更要影响下属、上级和内外部合作伙伴。优秀的人际敏锐度指的是具备良好的认知自我能力，能够识别自己与他人的情绪、状态和需求，并可以既保持自我良好而稳定的工作状态，又可以与他人进行良好的人际互动，保持积极的人际关系。

如果你的下属对自己缺乏客观认识，不能正确看待自己的优缺点，只关注事且很少关注人的需求，那么未来在处理多元化人际关系，以及在压力下自处时往往会碰壁。

逆境力

逆境力俗称"逆商"，指的是能够克服困难、挫折所带来的打击，重新振作、勇于面对挑战的能力。一个管理者被期待在挑战面前保持积极的状态和行动力，给到下属以榜样与期待。如果管理者一碰到困难就垂头丧气，第一个想打退堂鼓，那么可以预见，其团队士气会一泻千里。

在日常工作中，观察下属在遇到问题时是积极居多还是消极居多，对有挑战的事是勇于承担居多还是回避退让居多，对待错误是从中学习居多还是一蹶不振居多，能够帮助你识别下属的逆境力。

动机

为什么有些人在原岗位上是达人、能手，到了管理岗上反而迅速平庸甚至达不到要求了？很大的原因是他本身就缺乏领导他人的意愿和动力。

职场中一个人的动机可以分为四种维度：

- 成就动机：是一种对成功的渴望，通过克服障碍、完成艰巨任务，达成较高目标，以及在这个过程和结果中取得成就感和满足感。
- 亲和动机：是与他人建立积极、和谐、带有情感纽带的人际关系的动力。
- 权力动机：是一种试图控制、指挥、运用他人达成目标的愿望，往往呈现的是上下级间命令与服从的关系。
- 影响动机：是一种采取行动感召他人追随自己的倾向性，并通过帮助他人成功而获取自我满足的动力。

作为一个管理者，这四种动机都是必备的，只是占比多少可以有所不同。从发掘领导潜力的角度来说，最关键的是要具备一定的影响动机，这决定了他是在驱动自我上更有动力达成目标，还是在驱动他人上更有劲头，团队管理者更需要的是后者。

价值观

我们常说，一个企业的价值观源于其创始人的价值观。那么放到观察一个小团队上，这个团队管理者的价值观是否符合企业价值观、社会价值观，对于团队将产生更直接、更显著的影响。

抛开企业特有的价值观不谈，我认为以下几项是对所有管理者都通用的价值观期待。

（1）讲诚信：作为管理者，讲诚信是最基本的要求。因为诚信是建立在对他人和组织的尊重和信任基础之上的。管理者必须对员工、合作伙伴和客户讲信用、守承诺，及时沟通和处理问题，不能说一套做一套。只有这样，才能建立可靠的管理者形象和优秀的团队文化。

（2）善合作：成功的管理结果与丰富的资源和优秀的团队密不可分。只有与下属和合作伙伴协同合作，才能实现团队的共同目标。管理者需要带头建立一种协作的团队文化，通过与同事分享知识和资源，以及关注同事的需求，来引导同事与合作伙伴愿意参与各项工作事务。

（3）事为先：管理者最重要的工作是解决公司关注的各项问题，在此基础上，管理者必须要具备目标意识，注重项目和任务的重要性和优先级，并寻求提高整个团队的效率和质量。

（4）人为重：团队的成功不仅是管理者的成功，更是全体成员的合作努力的结果。因此，作为管理者，要尊重下属的需求和个性，最大限度地引导他们实现自己的价值和潜力。在员工福利、培训和发展等方面，给予员工大力扶持，从而提高员工的工作积极性和效率，并构建一个以人为本的团队文化。

第十节
下属带小团队显吃力，怎样帮能体现不插手的艺术

你的下属小李管理着部门下设的一支销售团队。尽管他工作卖力，但在团队目标的执行上却经常出问题。最近连续两个月，他都未能达成团队的既定目标。你让他解释，他也说不出原因在哪，你看着他确实天天加班累得不行，既体恤他的辛苦又对这局面心急火燎。

这时，你的第一反应会是什么呢？我想，大部分的反应是"你在一边看着，我来吧！"这种反应通常源于两种心理：一是你觉得自己比下属强，这种能力、经验上的优越感让你愿意冲锋陷阵、为下属代劳；二是觉得管理工作不得有误，任何问题都要用最快、最直接的方式解决。

也许姜确实还是老的辣，你一上阵，问题很快得到了改善。但是，当你把职责还给他时，落后的局面又回来了，因为他自身问题没有得到解决，个人能力也没有提升。与此同时，这还导致了新的问题的出现。员工一对比，发现你来了就能解决问题，直接主管一上手就问题百出，这说明主管能力不行。就这样，小李在他下属中的威信一落千丈。他的威信一失，他会在工作的各个方面被员工小视，不光工作更难开展，你也需要投入更多的精力去解决这更难解决的信任问题。

况且，还有一种可能：你上阵后，问题依然存在。这时，你不光背上了小李的猴子，小李也不觉得自己有什么值得改进的地方了。

因此，为了避免以上情况，在帮助下属解决管理问题、培养其领导力时，应牢记两大目标：

- 提升下属能力。
- 维护下属威信。

要达成这两点，就需要把握好"不插手"的艺术，也就是做好一个幕后英雄。

那作为幕后英雄，有什么方法来帮助下属提升领导力呢？

上一节我们谈到了在选择领导梯队时，要优先选潜力大的，因为它作为冰山下的深层次部分，不太容易在短时间内获得大的改变。因此，潜力不易被激发。而谈到发展和培养时，就回到可培养的部分了。简而言之，选的是潜力，带的是能力。

要培养下属的领导力，需要先定位清楚其在能力方面存在什么关键问题，然后针对这些问题，在工作中给下属提供适合练习的任务，并随时给予他反馈和指导，鼓励他不断努力和成长，帮助他成为卓越的管理者。总结来说，就是要进行找差距、事上练和给辅导这三个步骤。

找差距

这里找的是下属所在管理岗位的关键要求和他的实际能力间的差距，从而定位下属需要发展的关键能力。如果条件允许，可以使用360°专业测评，通过下属自评、上级评价及平级与其下属的他评来印证能力差距。但大部分情况下，下属出现的问题是随时的、情境化的，专业测评显得形式化了一些。但是，你同样可以采用360°专业测评的思路来做这件事。也就是：

- 作为上级亲自观察下属出现问题的场景和表现。
- 和下属谈话，了解他对问题的理解和与自我的关联。

- 访谈下属的团队成员，了解他们对问题的看法和对其上级的建议。

这就是一个人工的但是可以落地的360°能力评估。

回到前面销售主管小李的例子。销售目标的达成离不开目标的制定、传达、执行、跟踪，以及调整的全过程。那问题出在哪里呢？你了解到，每次小李都会通过例会的方式将新的销售目标告知团队，于是你决定以团队例会为发现问题的切入口。在观摩了几次小李带领团队召开的每周例会后，你发现了问题所在：会上议程混乱，销售目标的分配没有得到团队成员的确认和承诺；在成员提出工作挑战时，小李也没有进行问题的澄清或与大家商讨解决方案，而是常常不清不楚地略过；会议时而陷入沉默尴尬，时而跑题，会议结束时也并没有达成明确的会议决策。

观摩几次会议后你和小李谈了谈，他也觉得自己在部署、执行目标的过程中欠缺规划、组织和沟通能力。你从员工那里也得到了印证，大家认为小李只是分发了目标，但在目标如何达成上对大家的帮助不太明显。

这样，问题可以总结为"小李未能将目标传达得清晰明确，并且没有为团队提供足够的支持和帮助"。随着时间的推移，团队成员的动力不足，导致他们未能达成既定目标，而小李也没有及时发现问题、跟进、协调和进行调整，导致团队业绩不尽如人意。

最后，能力差距就聚焦在了计划与组织上。

事上练

在识别出下属存在的关键能力短板后，你就需要帮助下属找出适合提升他自身不足的相关任务，让他在这类工作中强化训练，以此来逐步提高他这方面的能力。在下属展开具体工作的过程中，给予他所需资源上的支持，比如培训、观摩机会等，并要求下属制订行动计划，把如何在工作中练习能力、要达成什么样的阶段性目标都安排进行动计划里，然后再有序地开展。

针对小李的能力短板，团队例会就是一个强化训练的好选择。因为要开好团队例会，就得学会确定会议目标和议程，明确销售目标的分配，对目标的达成设定打法计划，并且和团队达成一致。此外，还要群策群力，向团队提供必要的支持。这些都是训练计划与组织能力的好场景。

你可以向小李提供一系列支持，比如请他观摩其他销售主管的例会，看看其他人是如何做的来吸取经验；向他推荐计划和组织相关的培训和书籍让他学习。然后请他将资源学习、训练任务等细化成能力提升行动计划，按计划一步一步地实施。

给辅导

在下属进行实际练习的过程中，你还需要持续地给予他指导和帮助，并及时表扬和激励他，从而激发他不断尝试、探索、改进和学习的积极性。

与他设定定期的辅导谈话，通过观察他的工作情况，及时发现他的瑕疵和不足，给予建议和指导。运用本章前几节介绍的辅导方式，帮助他看见自己的进步，反思、发现自己的问题，并落实相应的改进措施。

比如，小李开始实施行动计划后，你可以有以下辅导动作：

- 请他总结在培训、书籍中学到的方法，并回顾在实际工作中的做法，对比差异性，找到可以应用的理论与方法。
- 请他在观摩其他主管的例会后形成记录，学习他人好的做法，思考在他的团队中落地的可能性，并跟你分享。
- 在每次召开团队例会前，让他根据前两点所学，提前设计会议目标、议程，准备目标拆分逻辑，形成达成目标的基本打法、思路，思考员工可能存在的问题并思考相应答案。

- 将这些内容形成文本，让小李在会前跟你沟通，根据你的指导适当调整，然后再在会上展开讨论。
- 会后再去复盘哪些地方归功于提前规划做得好，哪些地方还有不足，哪些地方灵活应变得好，哪些新情况值得积累，并再次跟你共享，探讨下一次的改进措施。

这样几个回合下来，下属的领导力就会显著提升了。

价值笔记
The People-Centered Leader

识别下属成熟度，匹配与之相适应的领导行为风格

- 当下属工作表现不佳时，先综合考虑三要素——能力、意愿和外力，来辨别问题出在哪里。
- 如果是能力和意愿问题，通过两者的高低水平不同，来区分下属当前的成熟度，灵活地调用"告知式"、"推销式"、"参与式"或"授权式"等不同领导行为风格，来促进下属的改进或发展。
- 在对能力和意愿问题下判断之前，先考虑一下是否有外力因素阻碍了下属的工作表现，做到"对症下药"。

让下属背稳该背的"猴子"，让职责归位

- 合理规划你的管理时间：明确你的六大管理要务，对各项有所兼顾，并根据情况适时调整优先度。
- 提高下属的自由层级：通过提升下属的能力和创造开放、容错的环境，提高其自由层级，释放其更大的潜力。
- 反逆向管理：对下属时不时抛来的"猴子"保持敏锐度，恰当地回应下属，并让"猴子"回到下属背上。

善用有力的提问，释放下属的潜能

- 解决问题前先找问题的根本原因：只有找到根本问题，才能就其讨论解

决方案，否则容易在一开始就产生判断偏差。

- 问开放式而非封闭式的问题：多问开放式的问题，让下属有更多思考、发挥的空间，也激发其主人翁意识。
- 问积极的而非评判的问题：提出积极的而非带有质疑性质的问题，能使下属获得希望和动力，并提出自发的、聚焦未来的想法。

CHAPTER 2

第二章

影响人

第一节
想拒绝下属的提议，如何说不打击他的积极性

团队例会上，你正带着大家讨论项目进展，下属小李向你提出了一个新的项目推进思路。这个思路会延迟项目交付时间，也有一定风险，但小李认为这样做对达成项目目标有更长远的意义。为了往下推进会议议程，你跟小李说："这个想法在今年不太适用，以后有机会咱们再讨论。"小李面露尴尬，在会议的后半程就再也没发过言。看到这个反应，你试着鼓励小李发言，想缓和一下气氛，但他也不怎么积极，你心里也觉得不得劲起来。

拒绝他人不是件容易事，直截了当会让对方不舒服，迂回又耽误事。你可能只是有事说事，下属却认为你拒绝得过于直接，不考虑他的感受。你也可能过于纠结婉转，下属不明白你是拒绝的意思，而跟你来回拉锯。你因自己不擅长向下属说"不"而怀疑自己的影响力，但其实，和你有同样苦恼的管理者大有人在。

科学的拒绝法

作为管理者，你需要做很多决定来集中团队资源、精力到最应该做的事情上。你既需要集思广益，运用团队成员的聪明才智创造性地解决问题，又需要在众说纷纭中做出取舍，采纳好点子，拒绝不合适的想法。但如果

拒绝得不恰当，就会带来一系列负面影响：

- 打击下属工作积极性。
- 破坏下属思维创造力。
- 影响团队的开放文化。
- 耽误团队的宝贵时间。

虽然拒绝人并不容易，但还是必须要做。那么，应该如何更有效地拒绝下属，同时不打击他的积极性呢？我们首先要了解作为拒绝人的你，和被拒绝的下属，在这件事情上的需求。

你的需求是：

做出正确的判断，尽快把工作推进到下一步，不要在下属天马行空的想法上浪费时间。所以，你选择直言不讳地说："这个想法我不同意。""你这个想法太理想化了。""这个想法不行。"

下属的需求是：

让上级和同事们知道自己的想法，认可自己的提议，这样他会觉得自己对团队有贡献、有价值，也会自我感觉良好。所以他想讲出来，并且不希望被误解或被无视。

结合以上双方各自的需求，作为上级的你，可以采用以下四步来进行有效的拒绝式沟通。

放下纠结，开门见山

我想大家都能够理解，如果是让你拒绝你上级的想法，这对大部分职场人来说都是富有挑战的。然而，当你面对的是下属，作为上级的你已经占据了有利地位，为什么还会在拒绝时瞻前顾后呢？其实，这种心理活动是有心理学依据的。

"认知失调理论"认为，当一个人的行为与其价值观、信念或自我形象不一致时，就会产生一种不适感受，即"认知失调"。当你拒绝别人时，可能会触发认知失调，因为你的行为与你对自己作为一个友善、帮助他人的人的价值观不一致。认知失调可能会导致你内心不安和矛盾。

如果你是一个极具亲和力、处理事情时更加偏向以人为本的领导者，你就会更加在意你的拒绝在下属身上施加的影响是不是积极的，能不能维护自己一贯想要塑造的亲和形象。一旦下属表现出沮丧、失望、抗拒，就会触发你的情绪，你可能会感到尴尬、内疚，也可能会感到失望、愤怒。

了解了原理你就能明白，纠结的你是把拒绝等同于不友善、不利他。但是，拒绝是行为，友善是态度，用友善的态度拒绝，仍然可以传递你利他的价值观。

把拒绝理解为你在帮助下属纠偏，帮助团队统一方向，将你的拒绝合理化，让它变成你给下属提供反馈的一种常见方式。

尊重感受，认同动机

能够提出建议的下属，是有思考、有意愿把事情做好的下属。认识到这一点，就能明白下属提议背后的需求，其实是需要被你理解和认同，从而获得被认可感。理解，是听懂他在说什么；认同，是同意他所说。你不一定要认同他所说的，却要认同他提议背后的良好动机，而认同动机，是以认真听明白他在讲什么为基础的。

但情况往往是，下属的高谈阔论根本不符合当下形势，或者他的想法在你看来不值一提。你不自觉皱起的眉头，和忍不住的打断，已经将你的不耐烦暴露无遗。即便你拒绝得对，下属也会认为你根本没有真正听他在讲什么，从而心生不满。

因此，认真倾听下属讲话尤为重要。如果时间有限，可以提醒他需要言简意赅地表述。听完后，根据你的理解重述对方的想法，可以用"你的意思是……我的理解对吗？"来达到向对方确认理解正确，并让他知道你在认真听，从而让他感到你的尊重和耐心。

澄清理解后，要使用肯定和积极的语言来表达对下属的感谢："感谢你提出这个想法，你一直在积极思考，想让这个项目做得更好。"

提供解释，寻求理解

对下属来说，虽然你最好的反馈是采纳他的提议，但是，这并不一定是他想要达到的目标。能够让他表达并被倾听，得到尊重和合理的解释，对大部分人来说就已经非常满足了。

你根据他的提议，给出目前不能被采纳的合理解释，能有以下三点好处：①从逻辑上让他接受提议不能被采纳，让下属了解你的决定是基于实际情况，你已经考虑到了各种因素，而不是因为个人偏见而否定他的提议；②从情感上让他感到被尊重；③从面子上来讲给了他台阶下。

你可以这样跟下属说："这个想法如果放在三个月前立项时，确实很值得好好探讨。不过现在人力、物力已经投入了，再有大的调整会延误交付，所以我们还是需要回到当下来思考方案。"

找出价值，积极认可

是不是每个待拒绝的提议都毫无意义呢？其实不然。如果认真想一下，就会发现任何提议都有积极的一面。

- 虽然现在不能被采纳，但是可能对未来或者其他项目有启发意义。
- 虽然想法有逻辑漏洞或太理想化，但当你允许团队提出不同想法时，其实是在给团队做出开放文化的示范。
- 虽然这个提议不合适，但它可以激发团队更多有意义的探讨。

能够在看似消极的事情中看到积极的一面，并把它及时提取出来予以展现，有利于体现你的影响力。对这个提议的下属来说，一个被拒绝的想法转变成了机会；对于团队来说，大家意识到提想法是好事，从而营造一种不怕被拒绝的氛围。此时，你可以这样反馈下属。

- "你这个想法倒是提醒了我，咱们另一个项目在立项阶段，可以好好考虑一下。小李，你把这个想法细化一下，咱们在那个新项目的沟通会上具体讨论。"
- "小李，谢谢你做了好的示范，勇于提出想法。大家刚才在会上都不怎么发言，就我一个人在讲，但大家的声音才是最重要的。"
- "借着刚才小李的这个提议，我有个类似的想法，也跟大家探讨一下。"

第二节
使用正确方式批评下属，下属不抗拒还要感激你

批评下属的误区

下属小李负责给客户提供设计方案，但最近提交的方案中有好几处粗心的错误，幸亏你在给客户审阅前发现了。你很不高兴，在团队例会时批评了他。你本想用这种方式引起他的重视，杜绝错误，没想到他当场黑了脸，会后就跑来跟你说这个项目他接不了了，申请调换项目。这个项目小李从头跟到尾，除了这次的问题，客户还是挺信任他的，这时候撂挑子，既没法跟客户交代，也一时找不到合适的人替代。没办法，你对他好言相劝，但其实你也是一肚子气。

当下属犯错时，你选择批评他，可想而知你最期待的回应是，他能立马认识到自己的错误，认真致歉，并积极地投入工作改进中去。但是，批评的结果往往事与愿违，有时下属把抵触挂在了脸上，有时还会跟你据理力争。为什么会出现这样的反应呢？难道下属犯了错，作为上级还不能给他指出来吗？

当然可以，而且作为上级必须要及时地指出下属的错误。但是，谈到批评下属，你却可能陷入几个误区。

没调查清楚就下判断

当你看到下属迟到，立马就认为他是明知故犯；当下属和别的同事沟通起冲突，你根据对那个同事的了解，立马判断是这个下属的问题；一看

到客户投诉，立马认定是下属在服务中出了问题。

也许有时你的判断是对的，但是但凡有一次判断失误，误解了下属，就会对你们的信任关系造成不小的影响。

对人做评判

"你这么做太没有责任心了。"

"你真不是个仔细的人。"

"你的组织能力太差了，所以工作才这么杂乱无章。"

这么说是对下属的人品、特质、能力上的否定，会伤害下属的自尊心，引起他的抵触心理，或者打击他的自信心。

以偏概全

"你从不主动跟进工作，总是拖延时间。"

"你总是犯同样的错误，没有比之前有任何改善。"

"你考虑问题不够深入，所以总是做出错误的决定。"

"你总是站在自己的角度上，从来不为其他同事考虑。"

你可能因为下属的一次或者几次表现就对他下了全面的判断，下属哪怕嘴上不否认，心里也不会认可的。更可怕的是，如果他认可了你对他下的判断，就更没有勇气做出改变。

带着负面情绪

有时，下属犯的错会触发你的负面情绪，比如生气、愤怒、无奈。如果在和下属沟通时没有管理好情绪，它一方面会传递给下属，让谈话变得消极，另一方面，你会做出不够冷静的决定，比如一气之下辞退下属，和下属当着其他同事的面对峙等。

给出建设性反馈

步入这些误区，就有极大的可能使你和下属的关系陷入低谷。那么，怎样做能让下属既认识到问题，又积极接纳和改变呢？答案是，把批评转化为建设性反馈。

建设性反馈指的是向下属提供具体、明确、带有指导性的信息，以帮助他们了解自己的工作表现，识别和利用自己的优势，并提高自己的能力。

批评往往突出问题和缺陷，并在此基础上加以指责和批判，而建设性反馈更加注重从个人成长和发展的角度提供建议和指导。

批评往往伴随着负面情绪，可能导致下属产生抵触和防御行为，而建设性反馈则注重鼓励和支持，并以积极的态度来提供帮助。

批评往往是你对下属的单向反馈，主要起督促、警醒等作用，而建设性反馈更加强调双方之间的沟通和交流，有利于建立良好的合作关系。

如何对下属进行有效的建设性反馈，使他们采取行动呢？我们首先需要站在下属的角度上，了解改进的必经之路。

下属会经历三个需求阶段和一个需求关键点（图 2-1）。

我要改进什么？ ⟶ 我为什么要改进？ ⟶ 我该如何改进？ ⟶ 付诸改进行动

我的感受好吗？

图 2-1 改进的必经之路

- 需求阶段一：我要改进什么？

了解自己具体在什么行为上需要改进，这些行为与期待之间的偏差是什么。

- 需求阶段二：我为什么要改进？

了解这种行为对自我、他人或工作产生哪些影响，以及改进的必要性和重要性是什么。

- 需求阶段三：我该如何改进？

知道可以获取什么支持、资源、指导来进行改进。

- 需求关键点：我的感受好吗？

在上级与我沟通的过程中，我有被尊重吗？

一场有效的建设性反馈可以分为以下六个步骤。

给出具体数据和表现事实

在进行反馈之前，要对一些具体的数据和表现事实进行搜集和分析，以使反馈更加具体、有说服力。可以列出下属在绩效、质量、时间、效益等方面的工作表现数据。最好是通过你亲自的观察、印证，而不仅靠"我听别人说"，或者"我觉得"。

"小李，这周从周一到周三，我看你每天都迟到了40分钟。据我了解，最近你的工作量还可以，也并不需要加班。所以我觉得有必要跟你谈谈迟到的问题。"

描述具体表现所产生的影响

在向下属提供数据和表现事实之后，需要就表现数据对其个人、团队或组织的影响进行具体的描述。描述要针对表现的影响，从实际的结果展开，比如时间延误将影响交期，质量问题可能导致品质不达标，绩效不达标可能导致公司和部门绩效无法完成等。

"连续三天迟到，一是耽误了参与早会，需要同事会后额外花时间跟你同步信息；二是你耽误了自己的休息，我看到你中午不吃饭去补工作；三是当其他同事对你的迟到原因不明就里时，容易产生误会。"

倾听下属的说法

此时别急于跳进解决方案中。你观察到了事实，但事实未必代表真相。需要给下属机会澄清原因，了解下属怎么看待这件事。

"发生了什么事情？是什么让你这几天都迟到呢？"

表达对下属出错原因的理解

理解不代表认可，而是对下属能够坦诚表达所给予的尊重，让下属感受到他虽然做得不对，但他的声音是被听见的。

"小李，我能理解，因为家人生病，需要你早晚送饭，所以你早晨会晚到，下班又得赶紧离开。"

商讨改进方案并使双方达成一致

根据待改进行为的性质，你可以视情况来选择是由你直接告诉下属解决方法，还是启发他思考解决方案。无论是哪一种，都需要寻求下属的认同，双方达成统一。

"小李，这几天你也没有休息好，我建议你休息几天，也多花一些时间照顾家人。你跟同事把工作交接一下，我会向大家解释。此外，未来再出现类似的情况，我希望你能先跟我讲，而不是靠自己牺牲午休时间来补工作。我提前知道情况的话，会给你更多的支持，也能提前把工作安排好。"

"小李，你觉得你可以做些什么来让事情变得更好？"

保持客观、尊重的态度

对下属来说，感觉好才能做得好。不管是事出有因，还是下属就是因主观原因犯了错，就事论事总比带个人情绪对解决问题更有帮助。恰当的语气和态度可以有效地铺设良好的反馈沟通基础，通过为下属提供积极的反馈和建议，增强他的信心和动力，帮助他更好地达成期待。

第三节
下属一点就着，如何让他跟你好好说话

被怼后的错误回应

我有一次被下属怼的经历，虽然事情已经过去了好几年，但还是记忆犹新。那天，我走到这位下属的座位旁边跟他商量工作，请他把一个报告再修改几个地方。原本，我觉得这是一次很平常的沟通，但不知道是哪句话踩在了他的雷点上，他腾一下站起来，面红耳赤地高声冲我喊："为什么还要改！"我吃惊地倒吸了一口冷气试图让内心平静，同事们纷纷朝这边张望，空气仿佛凝固了两秒。

如果这事发生在你的身上，下属突然当众向你叫板，你会是以下反应吗？

- "这也太不给我面子了，我如果不反击，岂不是表现得很怂，以后我还怎么做领导！"
- "我平时待他不薄，他竟然用这种态度对待我。他太伤我心了，我再也不想理他。"
- "他是不是最近压力太大了？算了算了，不跟他计较了，安抚他一下吧。"

以上三种反应，分别对应三种不太恰当的回应方式：反击、冷战、纵容。

反击

下属本身就在气头上，这时你硬碰硬，犹如火上浇油，很有可能将原本单方面发泄情绪演变成双方对峙甚至争吵，局面将更加难以收拾。

冷战

本想冷处理，用时间来化解尴尬，但问题尚未解决，分歧往往是越搁置越难弥合。更何况，双方还需要抬头不见低头见地工作，带着隔阂合作实在是让双方都很难受。

纵容

如何区分宽容和纵容？宽容，是在了解对方发脾气背后缘由的基础上选择理解；纵容，是在不明就里的情况下选择睁一只眼闭一只眼。纵容的对象往往是那些业绩不错的下属，他们聪明伶俐，做事果敢麻利，当他们对你或者其他同事态度不好时，你站在惜才的角度上为他跟同事们说好话："他就是这个脾气，但是心是好的。"可是职场上，同事间是平等的，没有谁该去容忍谁的刀子嘴，何况刀子嘴本身就意味着没有站在别人的角度上从善意出发。当其他同事看到你的纵容态度，往往会选择容忍他，但随之而来的沟通内耗就会变成隐患。

妥善应对被怼

在面对下属的坏脾气时，首先需要区分，他是突然控制不住情绪，出现反常现象，还是日常一贯如此表现。

如果是前者，代表他平时是与人为善的，跟你也好商好量，那么情绪失控的背后一定有刺激因素，并且很可能是日积月累的问题。虽然他冲你发脾气着实让你有些尴尬，但你仍需感到庆幸，日积月累的问题总要有宣泄口，他的发泄让问题有机会浮出水面，虽然也许不太好看，但总比一直压抑成为更大的问题要好得多。

这种情况特别考验你的瞬间容忍度。只要能很快地回想起他日常的好，就能避免激发自我保护的对抗情绪，从而选择使用为他好的方式去冷静处理冲突。最推荐的处理方式是切换场域，外加关切询问。

切换场域，指的是让下属离开情绪爆发的此时、此地，让下属进入到一个新的环境中得以缓冲、冷静。 切换场域，切的既可以是时间，也可以是地点。

- 切时间："小李，我看你有些激动，你先平静一下，半小时后我们再聊。"
- 切地点："小李，我们别站在这里说，走，咱们去外面走走。"

关切询问，指的是你不介怀，站在想要帮助他的角度来关心他的情况，引导他说出心里话。

"小李，刚才你突然这么激动吓了我一跳，但我想肯定是什么触动了你，你愿意和我说说是什么吗？"

还记得本节一开头那位怼我的下属吗？在我倒吸了两秒冷气后，我判断出他属于前者，也就是突然情绪失控。于是，我没有急着说什么，而是请他跟我到会议室来。

关上房门，我对他说："你平时不太会这样，今天是怎么了，有什么事情发生吗？"他可能以为我叫他来会议室是为了批评他，没想到我会这样询问。我刚一说完，他的眼泪就下来了。慢慢地，他跟我讲了这几天家里的突发状况让他的神经特别紧绷。我在这节骨眼上挑刺，触到了他敏感的神经。那件事之后，我能明显地感觉到，他对我的信任感更强了。

如果我当时选择跟他对峙，肯定不会是这样的结果。而在下属展现愤怒的时候去发现他的脆弱，才能真正让他释怀。

接下来我们再来谈另一种情况，即下属不好好说话，是他日常一贯的表现。哪怕他对身为领导的你还算尊重，只是对其他同事常常黑脸，即使他的业绩再好，也需要你的干预。这时，你需要考虑的是他的情绪管理能力问题。

"情绪智力"最早由美国耶鲁大学的萨罗威（Salovey）和新罕布什尔大学的玛伊尔（Mayer）提出，是指一个人理解和管理自己和他人情绪的能力，体现在对情感信息的处理和反应能力上。它对一个职场人保持良好而稳定的工作状态，进行良好的人际沟通和互动，建立积极和持久的人际关系非常重要。

情绪智力由四个主要部分组成（图 2-2）。

- 自我情绪评估：识别并理解自己情绪状态的能力。
- 自我情绪调节：管理自己情绪反应、控制冲动行为的能力。
- 他人情绪评估：察觉和体味他人情绪感受的能力。
- 自我激励：利用情绪改善自我行为结果的能力。

前两点是后两点的基础。也就是说，一个人想要体察他人情绪，并能对自己的情绪善加利用，首先需要体察自我情绪并且管理好自己的情绪反应。

自我情绪评估	自我情绪调节
他人情绪评估	自我激励

图 2-2 情绪智力的四个组成部分

不能好好说话、容易对别人发脾气的员工，就是这两个基础没打好。作为管理者，为了让下属能好好跟你讲话、好好与同事沟通，需要从这两个方面着手，帮助他提升自我情绪管理的能力。

引导下属识别自我情绪

很多时候，当一个人被情绪左右，恰恰是因为他不知道自己在情绪当中。有一回，我跟另一个部门的同事说："你知道吗，我们团队的同事都挺怕你的，怕你凶他们。"我以为他知道自己脾气不太好，没想到他很惊讶，一个劲地问我："真的吗？我有凶他们吗？我没有啊，是不是你们同事太玻璃心了啊！？"

意识到有情绪，识别出此时是何种情绪，是管理情绪的第一步。因此，当你观察到爱发脾气的下属又出现负面情绪时，可以跟他确认："你现在看上去有些沮丧，是吗？""我感觉你生气了，我的感觉对吗？""你看上去不太对劲，能跟我说说你感受到了什么吗？"

你猜测的可能恰巧是下属的感受，也有很多时候，他不是你所说的某种情绪，他会思考一下，然后表达出自己感受到的情绪。不管是前者还是后者，都能帮助他暂时从负面情绪中走出来，站在旁观者视角看见自己在被何种情绪干扰。当他了解了自己的情绪，再加上你的理解，负面情绪很可能就消了一半。

教他把负面情绪转化为积极行为

一个对自己要求高、对别人要求更高的人，当发现别人犯了错时，会特别容易着急上火、恨铁不成钢。如果他不善于管理自己的情绪，就会将负面情绪投射到他人身上，来谋求别人的重视、改正。他的内在逻辑是：我对你发脾气，是让你看见问题的手段。这种手段当然适得其反，而你要做的就是让他知道，这种方式不可取，取而代之的应该是使用更加有效的方式——用稳定的情绪、平和的态度、解释的语言去达到原本的目的。

向他说明情绪管理能力是评估他潜力的重要考量因素

这其实是在告诉他，如果他一直不积极改变对待他人的方式，将会对他的发展造成何种影响。很多下属不愿改正，是因为并没有觉得改变对自己有意义，毕竟过去他总是对别人态度不好，难受的是别人。此时，你需要明确地告诉他，调节情绪、得到他人的支持与配合，对他的职业发展至关重要。这是把改进的责任转移回他自己手上，而不是你在他后面苦口婆心地追着他改正。

第四节
下属吞吞吐吐，怎么让他和你说出心里话

你遇到过以下情况吗？

- 团队会议上，你抛出问题，想让大家提提各自的想法，可他们却很默契地保持沉默。你不知道他们是真的没想法，还是不愿说，只能选择在空气凝固了几十秒后，点名轮流发言。
- 你手上有个任务需要布置，问大家谁愿意主动分担，大家却你看看我，我看看你，无人应答，你只得直接指派。
- 你感觉下属在最近的工作中遇到挑战，当你想跟他谈谈时，对方却采取回避态度，不愿意和你交流，并试图避免你发现他的问题和困难。
- 下属表现出明显的不信任，总是对你的决策和方向提出异议，甚至不经过思考就直接反对。
- 下属不愿意和你分享个人的生活和情感，显得非常疏离和冷漠，让你感到很难接近他们。
- 下属对你的态度变化莫测，有时候热情洋溢，有时候冷若冰霜，让你难以判断他们到底是怎么想的。

作为管理者，你尽职尽责地完成工作，却发现下属总是对你有所保留，不敢或者不愿真正地与你沟通，你感到无奈。你一直在努力营造一种信任

的氛围，但似乎总有一些东西影响了你和下属之间的联系。你不禁怀疑自己的管理能力和人际关系处理能力，感到沮丧和无助。如果你有过这样的经历，那么你并不孤单，因为这也是很多管理者共同的痛点。

相比看得见摸得着的工作流程、管理措施，信任显得很虚幻、模糊。但是，信任却是一个高绩效、高凝聚力团队的必备基础。著名的管理咨询师帕特里克·兰西奥尼（Patrick Lencioni）在他的著作《团队协作的五大障碍》中介绍了一个关于团队协作障碍的模型。可以看出，作为金字塔的底层，"缺乏信任"是阻碍团队协作和达成高绩效的最基本问题（图2-3）。

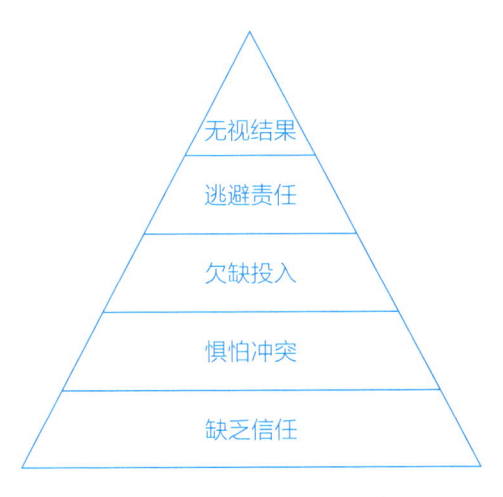

图 2-3　团队协作的五大障碍

一个团队中所有成员间的信任，首先来自上下级间信任的稳固性。 也就是说，没有你和下属间的信任基础，是很难形成整个团队的凝聚力的。

信任是效率高与效果好的有力保障。想象一下，如果下属非常信任你，那么工作中会是什么样的场景？

下属会很愿意与你分享自己的想法和问题，以便得到更好的支持和指导。

你不怕给下属指出问题，不需要在沟通前试想下属各种抗拒的反应和对策，也不需要在沟通时斟酌措辞，揣测他的想法，担心他的反应。

当你充分考虑后，对具有不确定性的事情做风险决策或建议采取新尝试时，下属不会不停地问你"为什么"，而是拥护你的决策，并为实现它和你群策群力。

这一切，都避免了团队中无谓的拖延、拉扯和消耗，从而能够更快速地达成方向的一致，进入行动当中。同时，基于由信任带来的工作积极性和动力，又能提升任务做好的程度。

信任是一种双方关系，是双方互相成全的结果，而不是由其中一方来定义的。你信任下属，如果下属不信任你，那你们之间就没有形成信任关系。而主动信任对方，又会促进对方成为一个值得信任的人。

你是否见过摆在路边的无人水果摊，没有卖家，只有一台称重秤和一个付款二维码。有意思的是，接受这份信任的人，也就是愿意使用这种自助购买方式的人，往往也会遵守这份无声的契约，诚信地称重、付款。

这，就是信任的力量。

那么，如何和下属建立信任关系呢？我将建立信任的方法设计成一个简单易行的公式：

信任关系 = 自我信用 × 信任他人

其含义是，想要和下属建立稳定的信任关系，既要让自己成为一个值得被信任的人，又要展现信任他人的行为。二者缺一不可。

自我信用

自我信用指的是你被下属认可，成为一个靠谱、值得信赖的领导。要做到这一点，要点有四：

坦诚以待

坦诚，顾名思义要坦率、诚实。大部分情况下，当一个人被问到是否觉得自己是一个坦诚的管理者，一般都会得到肯定的答复。但这里，需要注意避免的是那些不易觉察的"善意的谎言"。

比如，下属工作出现问题，但是你为了维护他的面子，还是跟他说"你做得不错"。然而，到了年终绩效考核时，你却给他打了一个低分。这时再跟下属解释你认为他有哪些问题，下属会认为你明明早知道却不说，还让他之前一直误解自己还不错，到了现在定局已成，责怪你不够坦率。

信守承诺

信守承诺指的是只要给下属许下或大或小的承诺，都需要说到做到。管理中，给下属承诺的时候并不少见，有时是基于下属提出的需求，有时是你主动提供的支持。但往往说时容易做时难，要不就是你一忙忘记了，要不就是遇到了阻碍，没法为下属实现承诺。如果是这样，下属对你的信任就会大打折扣，以后你再有什么承诺，他就只会听听而已。

比如，下属求发展，你跟他承诺会帮他想办法。但过了很久也没什么下文。下属没问，往往也是因为他已经将情况解读为你没有重视这件事。

如何更好地做到信守承诺呢？

第一，只许你能做到的承诺。对于你不能保证兑现的事情，不要一时兴起大包大揽，而是告诉下属这件事的挑战和各种可能性，并表示你会去试试看，但给不了他承诺。对于你当下就知道肯定兑现不了的事情，要直接告诉下属做不到，并且告诉他原因是什么，既避免下属抱有不切实际的期待，又能增加他的理解。

第二，给承诺时要配上时间期限。"我会帮你想办法"这句话，在你作为承诺者看来，可能指的是一年，但在下属的理解里，他可能认为最多三个月。为了避免下属基于自己的理解盲目等待，你可以在承诺中加上你预估的时间。当然，最好给自己多一点时间，以防在你兑现承诺的过程中遇到问题产生拖延。比如，"我会帮你想办法，一个月后给你答复"。

第三，对于没做到的承诺要尽快告诉下属。有时候，你觉得能做到，但是却因为其他客观原因做不成了，这时要及时、明确地告诉下属，你做了什么，基于什么原因做不到，以及后续还有没有兑现承诺的可能性。

解决问题

解决问题指的是作为上级，你能帮助下属解决他的问题的能力。在管理中，对上级的信任是建立在实力的基础上的。一个能帮助下属遮风挡雨、解决困难的上级，能快速地建立起下属对他的信任。

这种能力的展现体现在三个方面，你拥有其中任何一点优势都可以。

（1）专业能力：也可以理解为专业经验，也就是说你的经验足够丰富，下属遇到了专业问题，你可以迅速给出解决办法。

（2）逻辑分析能力：下属的问题不再是靠经验就能搞定的，但是你可以帮助他分析问题、启发思路，最终找到解决方向。

（3）资源协调能力：下属搞不定的人和资源，你可以帮忙搞定，让下属在执行工作中不缺资源。

利他主义

利他主义指的是以成就、帮助下属为目的的价值观。包括有成绩时不揽下属的功，出现问题时不往下属身上甩锅；辅导、培养下属时不怕"教会徒弟饿死师傅"，而是倾囊相授；下属遇到生活上的挑战时，也能花时间、花精力去提供帮助。

我曾经有一位领导，在我还是"管理小白"时，为了培养我，在他已经非常忙碌的情况下还经常抽时间来辅导我，耐心地帮我逐字修改邮件；教我如何站在高层的角度上思考对方想知道的信息，从而在向领导层汇报工作的过程中能更快达成一致并得到认可；旁听我跟下属的绩效面谈，会后给我非常详细且有价值的反馈；他出去学习领导力相关的课程，也会给我"开小灶"，教我应用……这些都极大地增强了我对他的信赖和感激。

信任他人

信任他人指的是采取行动去表达对下属的信任。要点有三：

委以责任

很少有什么东西比让一个人承担责任，并给予他信任更能帮助和培养他了。

——布克·托利弗·华盛顿（Booker Taliaferro Washington）

让下属承担责任，尤其是他跳一跳才能够到的任务，本身就是对他极大的信任。这种信任，是你虽然能够预见到，让他去承担可能会有一定出错的风险，但你仍然愿意给他机会锻炼，并且也相信他有能力做好。并且，在下属去履行这个责任时，你会在他需要的时候在背后给他充分的支持，但又不喧宾夺主。当下属做成后，让他能切实感受到这份勇于尝试的成就感。

容错

信任是你既能欣赏下属优秀的一面，也能接受他仍有欠缺的一面。当下属在工作中有一些小失误时，不一定非要给他指出来，而是要给他留一些容错空间。如果下属主动表示自己做得不好，你可以让他多看自己做得好的地方，而对于失误的小问题，可以向他表示这不影响整体结果，也相信他未来能做好。

记得我在刚出大学校门的第一份工作里，一上手就学得挺快。但有一回，我误将客户 200 个零件的订单，看成了 100 件，等到生产周期过了一半，我才猛然发现这个问题。我还记得自己当时束手无措的样子，硬着头皮去向经理承认错误、寻求帮助。原本以为他会教训我，结果他非但没有，反而安慰我说"没事，经常下单，偶尔看错也很正常"，然后就教我该怎么补救。我对他肃然起敬，后来我不但没再犯同样的错误，还向他学到遇到问题时要沉着应对、灵活处理。

适度袒露

信任是建立在不怕暴露自身弱点的基础上的。总是高高在上、浑身尽是难以企及的光环的领导，能够得到下属的仰视，却未必能得到信任。作为管理者，如果你能向下属适度地分享自己也有不足的地方，不管是工作上的挑战，还是生活上的小缺点，都能迅速拉近与下属的关系，让下属看到一个真实的、可接近的你。当然，还要把握"适度"二字，过分袒露反而会让下属不知所措。

第五节 面对爱哭的下属怎么办

你正在忙碌地处理工作，突然接到了下属的电话，他说话断断续续，还没说完就哭了起来。你只得放下手头的事，赶紧安慰他。这不是第一次了，这位下属总是在工作中遇到问题时忍不住哭泣，时不时就在和你的会议中掉眼泪，让你感到十分无奈和尴尬，不知道该怎么回应他的情绪。

面对爱哭的下属，你可能会有以下3种常见的反应。

（1）阻止下属哭泣：当下属在工作中哭泣时，你可能会觉得他们太敏感或情绪不稳定，甚至认为这是一种软弱的表现。你可能会对他们说："这点小事有什么好哭的。""你应该更坚强一些。"

这种反应会使下属感到被否定和不被理解，认为你对于他们的情感需求缺乏重视和关注。

（2）不知所措：你也可能会感到困惑和无所适从，不知道该如何应对，或者感到非常尴尬，只能采取劝慰的方式或者避开这个问题。"别哭了，有什么委屈你就说一说。"

你会发现这种回应方式对下属并不怎么起作用，他可能这回平复了，但不久后又因为别的什么事又感伤起来。

（3）共情过度：你还可能会在下属哭泣的时候感同身受，想要尽力安慰他们，甚至自己也忍不住和下属一起难过起来。

但是在一些情况下，过度的共情可能会加重下属的压力，因为下属此时可能需要的是一个清晰的指引和帮助，而不是过度的关注和安慰。与此同时，你也会因过度共情而影响了自己的工作状态。

那么，应该如何有效地应对下属的哭泣，帮助他们重新回到积极、平稳的状态中呢？这就需要善用同理心。

社会心理学家爱德华·铁钦纳（Edward B.Titchener）提出了同理心的概念，指的是人们通过想象自己处于他人的处境中，体验和感知他人的情感和感受的能力。同理心被认为是个人与个人之间建立联系和沟通的基础。

有时，你认为自己已经在用同理心来面对下属的情绪波动，却发现效果不大甚至适得其反，那么你就需要考虑自己使用的是真正的同理心还是想当然的同理心。真正的同理心需要具备真动机和真行动。

- 真动机：真正的同理心是出于对他人的关心和关注，而想当然的同理心则可能是为了达到某种目的而表现出来的。

比如，如果你的目的是让下属尽快振作把任务完成而展现同理心，"我能理解你的委屈，但是当务之急是把任务赶出来"，下属是能很敏感地意识到你的目的的。

- 真行动：真正的同理心需要靠实际行动，而想当然的同理心往往只是口头上表示关心，却缺乏实际行动。你只是说说而已还是真心实意地帮助下属，下属能明确地分辨出来。

所以，想要切实地帮助下属从情感宣泄中走出来，就需要使用真正的同理心。

- 观察与聆听：通过观察下属的身体语言和面部表情，来了解他们正在经历的情绪和感受。积极地倾听下属的话，并以开放的姿态去理解他们的观点和感受，不去评判或急于解决问题，允许他们花一些时间待在负面情绪里。

比如，耐心地倾听下属讲述，用"嗯""然后呢"来表达自己愿意了解更多，鼓励他说下去，或是"想哭你就哭一会儿吧，没关系的"来让他感受到他的负面情绪是被允许和接纳的。

- 表达共情：共情是指通过理解他人的情感体验，建立与他人的情感联系的能力。共情需要感受对方所处的情境和体验，对他们的感受产生共鸣，从而使对方知道你理解并尊重他们的感受和处境，产生被看见的安全感，进而增强对你的信任感。

比如，当下属描述他的苦恼或低落的感受时，可以用简短的话语表达共情，"我了解你的感受""我能理解你的处境""如果发生在我身上，我也会觉得委屈"等。

此外，肢体语言也是表达共情的重要方式。例如，给下属递纸巾擦眼泪，轻拍他的肩膀等，可以让下属感受到你的支持和鼓励。

- 给予支持：情感宣泄的背后，总隐藏着诉求，帮助下属解决问题才能真正地帮助他走出负面情绪。倾听了下属的表述后，可以给他方法、建议，也可以询问下属希望你能从什么方面帮助他。

比如，使用启发式提问："你觉得发生一些什么样的变化，你会感受更好？""有什么地方我能帮到你？"

如果你正确使用了以上方法，却仍然无法改变下属的状态，而且越发觉得自己被这个下属牵扯了很多精力，甚至自己的情绪和自信也有所下降，那就要对下属的情绪宣泄这件事换一种角度去思考。

情绪勒索是指一个人通过不断哭闹、发脾气等负面情绪行为，试图让他人做出自己想要达成的事情或目标。

情绪勒索的成因可以是因为个体以自我为中心、低自尊、焦虑或者强烈的需要感等，也可能与家庭、教育环境有关。

情绪宣泄和情绪勒索都是人们表达情感的方式，但两者有明显的区别。情绪宣泄是指自发地、真诚地表达自己的情感，通过倾诉来减轻自己的负担和获得心理支持，目的是让自己感觉好一些。而情绪勒索则是指一方利用自己的情感表现，来达到某种目的，例如让对方感到内疚或是通过情感表现来控制对方的行为，以获取自己的利益。情绪勒索是一种不健康的沟通方式，会破坏人际关系，甚至导致情感伤害。

如何辨别你是不是在被下属情绪勒索呢？可以从以下几个方面来判断。

- 对方的情绪反应是否过度。情绪勒索者往往会夸大自己的情绪反应，以此来迫使对方采取某种行动或做出某种决定。
- 对方的情绪是否总是围绕着自己的需求展开。情绪勒索者往往把自己的需求摆在首位，而忽视他人的感受和需求。如果你觉得对方总是在为自己的需求争取权益，而不关心你的感受，就需要注意情绪勒索的可能性。
- 对方是否经常使用威胁等手段。情绪勒索者可能会使用各种手段来达到自己的目的，比如威胁、给你施加压力等，常见的有以"离职"为理由让你不断做出妥协。
- 对方是否在不断试探你的底线。情绪勒索者通常会不断试探对方的底线，以此来获取更多的权益。

如果你识别出下属是在情绪勒索你，就不要过于陷入同理心了，而是更理性地处理这种状况。

- 不要让情绪勒索影响判断：在处理下属的情绪问题时，需要保持客观、冷静的态度，尽可能了解事实情况，找到问题所在。
- 建立良好的沟通和信任基础：在与下属的交流中，表达出自己的关心和理解，建立起彼此的信任关系，不要让下属的负面情绪升级。
- 寻找解决方案：一旦确认了问题的真实性，就需要寻找解决方案。这个方案需要考虑到下属的情感需求，同时也要符合组织的利益和规定。最好与下属一起商讨，并尽可能地给予支持和帮助。
- 坚持原则：在处理下属的情绪问题时，需要坚持原则，根据实际情况做出适当的让步和调整，但不能纵容他的情绪勒索行为，否则可能会导致下属形成不良习惯。

- 做好记录：在处理下属的情绪问题时，及时做好记录，包括对话内容、解决方案等，以备日后需要查阅。同时也需要与下属保持良好的沟通，随时了解他们的情况，及时解决问题。

第六节
下属间闹矛盾，如何正确处理不会有失偏颇

作为 HR，当公司有员工离职时，我有跟员工做离职访谈的职责。有一次，我跟一个在公司工作了 5 年，工作表现也一直不错的员工谈心。

没怎么做铺垫引导，员工就滔滔不绝地讲起他的委屈，像是终于有人肯倾听他的苦恼。原来，他之所以离职，完全是因为和一个同部门同事闹了矛盾。他俩过去私交不错，后来因为对一些事情的观念不同，突然敌对起来。

他的这位同事有一回借了件事由去找领导告他的状，结果领导也没向他问清事实，就判定他有错。

朋友反目，领导又错怪，他既委屈又生气，觉得这个团队待不下去了，于是坚决地选择离职。

如果这位上级当时能干预得当，也许这位工作表现不错的员工就不会离开。但是，从管理者的角度上看，完成团队绩效目标，对上负责，对下领导，已经身兼数职、焦头烂额了，再加上要处理下属间矛盾这种出力不讨好的事，更是让管理者不知从何下手。

回顾过往，当你遇到下属间闹矛盾时，你是否也常常这样处理？

事事当法官

如果你把处理下属间闹矛盾当成了你的责任，就可能会试图成为下属冲突情况的解决者，代替他们判断谁对谁错。不管你是听到风吹草动还是

亲眼所见，但凡发现下属间的"化学反应"有异样，你就不由自主地冲上前去，充当判案法官。久而久之，你的下属们也习惯了，遇到点事就要找你评理。

所有下属间的矛盾你都出面解决，虽然是出于作为领导的责任感，但有时反而会将原本不大的事上纲上线，引发矛盾的升级，如果处理不当，还极容易将下属的矛头转移向你。

这很像我在养育两个女儿时的经历，她们不可避免地会发生一些矛盾。有一段时间，我发现自己陷入了一个怪圈：她们一有矛盾，我就很敏感地觉察到，然后好像是见不得他们关系出现问题，不管他俩有没有寻求我的介入，我都主动干预调停、讲道理，试图让她们和好。

但与初衷相悖的是，本来一点点小事，往往会在我介入后，事情就变得不简单了，演变成她们姐妹俩更大的委屈，让我主持公道。

后来，再发生矛盾时，我尝试按捺住自己想要介入的心，不到必要时刻不主动出手。这样做的结果是，她们虽然也吵也闹，但大部分时候都能自行和好。原来，不干预、顺其自然也是一种方法。

回避问题

你也可能因为种种原因选择了回避下属间的矛盾，寄希望于他们能自行解决。

- 没有意识到问题的严重性：你可能认为问题并不严重，或者没有注意到问题的存在，觉得这些问题可以自行缓解，无须过多干预。
- 对冲突的恐惧：你害怕介入冲突会让矛盾更加恶化，或者担心自己难以处理下属间的争吵。
- 不希望偏袒任何一方：你可能对处理矛盾没有信心，担心最终偏袒某一方而产生负面影响。因此，你宁愿选择回避，以免让情况变得更加麻烦，或让另一方感觉受到不公正的待遇。
- 缺乏时间和资源：有时候你必须应对其他紧急事务，导致无法投入时间去判断矛盾并采取行动，从而把处理这个问题放在了后面。

然而，对于一些靠下属自身难以消化掉的矛盾，没有你的有力干预，矛盾很可能会继续升级，这样不但会对工作进展和效果产生影响，甚至使矛盾发展成严重的纷争。

同时，矛盾还有可能在团队中慢慢发酵。而如果团队其他成员意识到你并不想干预，他们也就不会主动跟你分享关于这件事情他们了解到的信息。而你，就会变成当矛盾不可收拾时，那个最后知后觉的人。

干预不当

还有些时候，你主动干预了，却遇到了挑战。
- 未找到根本问题：你可能没有及时找到根本问题，或者忽略了一些关键信息，过早做了不够合理的判断，使问题没有得到真正的解决。
- 缺乏技能：你可能欠缺足够的交际和谈判技能，不知如何平衡利益和情感，从而难以找到有效的解决方案。
- 立场不中立：你可能因为更了解其中某位下属的为人或工作方式而不自觉地偏向了他，导致另一方对解决方式不满意。

就像文章一开头那个离职员工一样，面对你的干预不当，员工的工作积极性受到影响，信任度降低，甚至会因此选择离职。

这么说，真是干预也不是，不干预也不是。为了先弄清楚什么情况你该介入，什么情况暂时不需要介入，我以下面这个四象限模型（图2-4）来做区分。

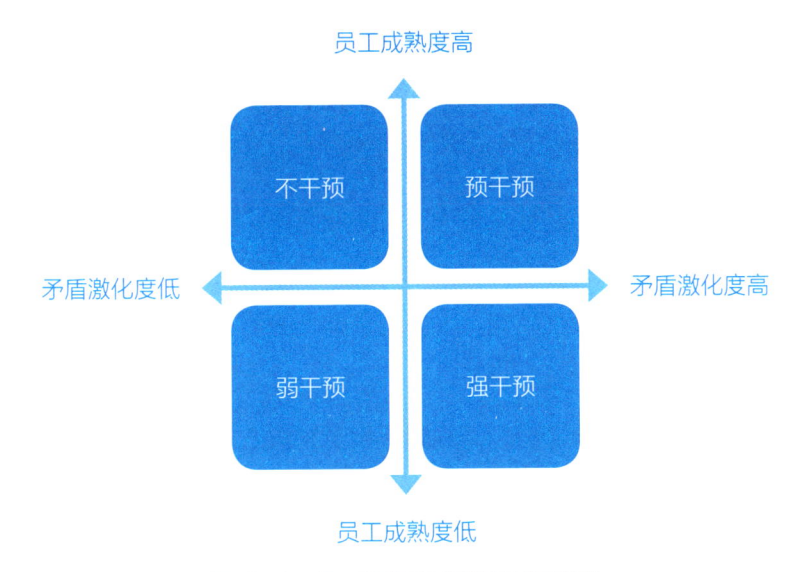

图 2-4　员工矛盾干预四象限模型

该模型以矛盾双方的成熟度和矛盾激化度为考虑维度，组成四种不同矛盾情况，来判断应以何种方式干预矛盾。

员工成熟度，指的是发生矛盾的下属在工作能力和为人处世上的成熟水平，依靠这一维度可以综合判断其是否有能力在矛盾下依然保质保量地开展工作。

矛盾激化度，指矛盾的发展程度，既包含矛盾双方受到影响的程度，也包含对团队其他人或事务受波及的影响程度。

员工成熟度高、矛盾激化度低，可以不干预，因为下属有能力、有方法及时化解矛盾，且不影响双方后续关系和工作的开展。

员工成熟度高、矛盾激化度高，可以预干预。通过询问发生矛盾的双方是需要你的介入，还是他们自己能解决，来决定你是否要干预。如果下属认为不需要，就退后观其变，再视下属解决的效果决定后续动作。

员工成熟度低、矛盾激化度低，推荐弱干预。在和这两名下属一对一谈话中，分别了解这两名下属对矛盾事件的看法和状态，给予他们解决问题的建议，帮助他们调整心态。

员工成熟度低、矛盾激化度高，需要强干预，也就是你强有力的及时介入。

不管是预干预、弱干预还是强干预，都离不开保障最终解决问题效果的干预原则。

- 公正：致力于公正处理，不偏袒任何一方，不因个人喜好或感情而抉择。
- 客观：进行干预之前，充分倾听和了解双方的情况和不满，如有必要，同时通过其他渠道收集信息，找出事实的真相，从而确定问题的根源。
- 尊重：尊重下属的风格、情绪、观点和价值观，不是一味指责或否定他们。
- 构建共识：鼓励下属提出解决矛盾和冲突的方案和意见，以便所有参与方能够在建立共识的基础上就矛盾和解达成一致。

最后，针对强干预，推荐以下步骤来帮助下属解决矛盾。

（1）了解情况。很多时候，下属发生矛盾之时你并不在现场，那么在你介入解决他们之间的矛盾前，需要先了解事情发生的背景、情况，做到兼听则明。可以找到当时在现场的同事，或者跟下属关系比较要好的同事，掌握信息，包括事件的来龙去脉、他们认为产生矛盾的原因、当事人目前的状态等，以更好地选择恰当的方向，并综合各方面的因素来解决问题。

（2）共同澄清。在收集了一定情况信息之后，邀请矛盾双方一起来澄清事情的发展过程，双方的矛盾观点，以及在矛盾关系过程中对对方行为的揣测和想法。为什么建议邀请双方共同？一方面是因为这能提高双方的沟通效率，不需要你来回传话；另一方面，也是更重要的原因，即澄清的过程本身就是一个加强双方理解、增进和解可能性的过程。

（3）界定问题类型。通过澄清过程中的分析与判断，你可以更准确地理解和界定问题，并对下属之间的矛盾进行评估。下属间的矛盾，离不开以下几种类型。

- 合作型：下属双方在一起合作完成某项工作，因不同的工作方法、行事风格而产生矛盾。
- 竞争型：双方存在竞争关系。比如同是销售经理，因市场资源的争抢而产生矛盾。
- 独立型：既无合作关系也无竞争关系，可能是同事型朋友，或不太有交集的独立个体，基于某个偶发事件因为价值观、性格、沟通风格的不同产生矛盾。

（4）启发方案。经过上面三个步骤，在你的引导下，下属各自倾诉了观点，建立了一定和解的基础，你也对矛盾类型有了判断。这时，就可以启发他们向前看，思考解决方案。比如，如果是合作型问题，就启发他们关注共同的工作目标，请他们思考何种配合方式能帮助他们达成目标；如果是竞争型问题，就启发他们关注建立公平机会的规则；如果是独立型问题，就启发他们使用适合对方的沟通方式。

（5）达成共识。当认识和观点在上述步骤下变得清晰、明确，你需要引导和促进双方达成共识，而不是仅依靠你自上而下的要求。你可以请双方针对方案做出一个愿意尝试的承诺，或者请他们明确当他们回去后要做的第一个行动是什么。

（6）创造机会。如果上述几个步骤不能完全解决矛盾，你还可以帮助双方创造更多的互动机会，在过程中多起到润滑、促进理解的作用，以加强双方之间的关系并弥合分歧。

第七节
误解了下属，怎么挽回局面

这天早晨，上班时间已经过了一个多小时，下属小李才姗姗来迟。你平日最不喜欢别人无故迟到，于是就严肃地指责小李不守时。小李先是有点蒙，然后连忙解释自己昨晚加班到深夜，今天实在起不来。你虽然没料到有这个原因在，但刚才的火气还没消下去，就继续责备他，不管什么原因，都应该提前告诉你。小李没再说什么，你以为他认识到了错误，可当你回到座位上拿起手机，却发现小李一早就跟你发过消息，只是你一直在忙没顾上看。你顿觉脸上无光。

类似这样误解下属的情景还有很多。比如，你有些不耐烦地再次指出下属修改了多次文案中的问题，结果下属告诉你他就是按照你上一回的要求这么修改的，你才想起原来真是这么回事。再比如，下属只犯了一点小错，你就上纲上线地批评，下属委屈地走开后，你才开始意识到，其实你只是在刚才的会上受了气，正好发在了无辜的下属身上。

误解下属的两大原因

虽然你很想做一个时刻保持冷静的领导，但你却发现，自己总是不能避免在日常管理中出现判断失误、误会下属的尴尬情形。这种情况大部分都源自以下两点原因。

原因一：认知偏差

认知偏差指的是当你在处理信息或问题时，由于受到个人经验、情感、偏见等因素的干扰，产生了某些不符合客观事实的判断或偏差的认知内容。认知偏差可能会导致你信息处理有误，引发你不理智地判断和决策。

在和下属共事的过程中，有三种认知偏差需要引起你的注意。

第一，信息不对称，也就是在没有了解事情全貌的情况下急于下判断。

第二，对某些事情的判断存在思维定式。比如，当遇到下属提出不同意见时，你的第一反应就是他不配合工作。

第三，归因偏见，指的是倾向于把自己的错误或失败归因于外部原因，而把他人的错误或失败归因于内部原因。比如，当你迟到的时候，你认为是交通太拥挤，你已经尽早出门了，情有可原。而当下属迟到时，你会认为他是因为对上班守时的态度有问题。

原因二：压力转移

你是否有过上了一天班回到家对孩子发脾气的经历？当你冷静下来反思时，会发现孩子并没有做什么出格、无理取闹的事，你之所以发脾气，不是孩子有多大错，而是你的能量耗尽了，或是把白天的负面情绪带回了家，正好发泄在孩子身上。同样的情况，也可能发生在你和下属之间。尤其作为中层管理者，向上交付指标，向下带队执行，还要跟各种部门、合作伙伴、第三方打交道，处理难搞的问题也是家常便饭，压力之大可想而知。当有了压力，却没有合适的方式缓解、释放时，就很容易将负面情绪转移到和你密切配合的下属身上，在情绪影响下失去判断力，从而对下属施加了负面影响。

而当你错怪下属后，往往容易处理不当，出现以下三种应对方式。

（1）不了了之。也许因为不好意思面对，也许认为不必小题大做，下属不作声，有时你也就当误解没发生过，不再提了。

（2）自我辩护。虽然知道错在自己，但碍于面子，还是不想向下属低头，而是选择为自己的行为辩解，试图找其他跟自己无关的理由让下属认同。"我之所以这样，是因为采购部的李经理……"

（3）糖衣炮弹式道歉。认识到自己有部分失误，但觉得归根结底还是下属应该承担问题的责任。于是表面上致歉，但说着说着又转回到了对下属的期望。"刚才我是急躁了一些，不过你也不能不再跟我确认一下就把邮件发出去，下回注意。"

这些处理方式，虽然让当下的尴尬过去了，但是却有可能留下后患，尤其是当多次这样处理对下属的误解，会导致：

- 损伤信任关系，造成和下属间的隔阂
- 影响下属的工作积极性
- 挫伤你在团队中的威信

挽回误解，依靠六步模型

那么，如何做才能在误解、错怪下属的情况下，更有效地挽回和下属的关系以及尴尬的局面呢？我们可以通过以下这个六步模型来有效地解决这个问题（图2-5）。

1. 找准时机

通常来说，最好能在意识到误解的第一时间就跟下属道歉，但有时也要看下属当时的状态。如果下属当时正在气头上，那最好等你们双方都平静一些，再找一个就近的时间和他沟通。不要拖得太久，越久你越难开口，越久下属对你的怨念越深。明明起因是个小事情，可能因为拖得时间长，

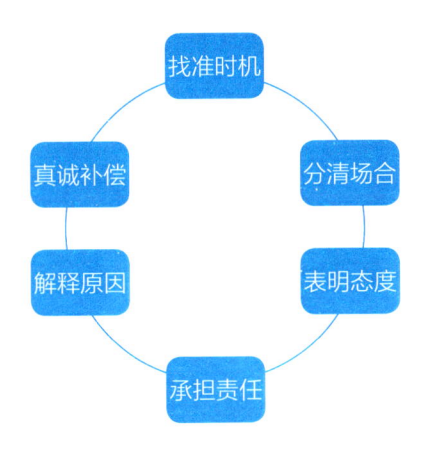

图 2-5 挽回误解六步模型

问题会在团队里面发酵。

2. 分清场合

如果是和下属在只有你俩在场的情况下产生了误解，那就跟他单独交谈致歉。如果是在团队其他同事也在场的情况下，建议先跟下属私下致歉，达成谅解，然后再在就近的团队会议上解释此事，表达你歉意的态度。

为什么要在团队中再提起此事呢？一是为了下属，二是为了你自己。对下属，是为了挽回下属在团队中的颜面，让大家知道客观的事实，而不是只有下属本人知道，其他同事还误会下属。对你自己，是挽回你在团队中的威信，通过表明不怕承认错误来让团队更信赖你。

3. 表明态度

向下属表示诚恳的道歉，因为只有真正地道歉才能赢得对方的谅解。你的态度是否诚恳，下属是能敏锐地感受到的，不诚恳的道歉犹如雪上加霜，而真心的道歉，不光能解决当下的误解，还能进一步增进你们的信任关系。

4. 承担责任

在向下属道歉时，要能够表明自己愿意承担误解所造成的影响的责任，帮下属扫清障碍，寻求对方的谅解。比如，像前文所说，在团队会议上为下属正名，就是一种承担责任的积极表现。

5. 解释原因

向下属道歉时，不是单纯地说"对不起"就可以，而是需要解释自己错怪他的原因，当时的处境和背景，以及你当时的需求。要注意这些解释要规避辩解式和糖衣炮弹式道歉，而要客观、理性地陈述，为的是让下属理解事情发生到那种状态背后的来龙去脉，增加下属对你的谅解度，让下属更容易接受你的道歉。

6. 真诚补偿

向下属道歉后，最好再采取一些措施来弥补对其心理上造成的影响，也将这些补偿措施作为拉近你们关系的机会。比如，一张你手写的小卡片，一个小礼物，一杯奶茶，一些对他在工作上和生活上的关心和支持，都能让下属感受到你是在真诚地表达歉意，相信他也会用真诚与理解回应你。

第八节
下属冲你发牢骚，该如何化解他的怨言

作为管理者，你不仅要关注团队管理和业务的推动发展，还需要经常面对下属各种各样的状况。

时不时地，下属会对你发牢骚，在这些抱怨和不满中，可能是关于工作任务、同事关系的，也可能是福利待遇等各方面的问题。在你看来，有些确实有改进空间，有些是你也为难的机制问题，还有些是源于下属的片面理解。

面对这些各式各样的牢骚声，你也疲于应对，不免会处理得不够完美。

- 小事化了：你可能会认为下属的抱怨只是小问题，他未免太小题大做了，于是没太当回事，没怎么认真听下属的表述，转头也就忘记了。

- 缺乏行动：你也可能当时觉得下属不满的这件事确实是个需要解决的问题，但因为它不够紧急，你还有更重要的工作要处理，就搁置了下来，后来一直没有采取行动来解决问题。

- 过度共情：你可能觉得下属抱怨的这件事也正是你不满意的，于是演变成跟下属一起抱怨起来，忘记了自己作为管理者需要积极引导下属的任务。

- 抵触抗拒：有时，下属抱怨的事情和你息息相关，你不免会把下属的抱怨视为对你的批评和指责，而下属又无法站在你的角度理解你面对的挑战，从而令你失望又生气，于是你采用了措辞强硬、咄咄逼人的方式来回应。

然而，虽然抱怨不好听，但是作为管理者却需要认识到，下属的抱怨实际上是一种沟通方式，他们是在通过抱怨向你表达他们的需求和问题。如果你关上了倾听的大门，不及时疏导、解决，长期积累的话，会影响下属的工作积极性和工作效率，甚至一些没有引起重视的关键问题会影响整个团队的凝聚力和工作结果。

要有效地应对下属的抱怨并不是一件容易的事情，需要有针对性地对他们产生积极的影响。我将爱发牢骚的下属，分成了以下几种类型，对于每种类型，推荐你采用不同的应对策略。

表面抱怨者

这种下属对工作整体上是满意的，通常只是抱怨一下，然后就会自行消化，其抱怨不会对工作造成实质性的影响。他们抱怨的内容通常比较琐碎和个人化，不涉及团队或者公司整体利益。

例如，下属会在同事或你的面前偶尔流露出对公司的福利待遇的不满，但他只是发发牢骚，排遣一下，然后就不再关注这个问题，既不会影响工作积极性，又不会严重到要跳槽。

任何人在工作中都不可能没有丝毫的不满意，有时需要通过抱怨的方式来发泄自己的负面情绪或压力。这种情况，推荐你以倾听为主，不需要特意纠正或上纲上线。

有建设性的抱怨者

这种下属抱怨时不仅会提出问题，还会提出自己的建议和想法，希望能够改善当前的工作环境或者工作流程。他们的抱怨不仅是为了抱怨，还出于对工作的热爱和对团队的关心，希望能够促进工作的改善和发展。

职场中不缺乏批评者，缺乏的是建设者。

这种有建设性的下属是受欢迎的抱怨者，如果你能够友好地接收这份抱怨，可以将抱怨转化为动力。尤其是当他提出的问题确实是团队中值得改进的地方，既然他有思考有建议，不妨鼓励他主动承担解决问题的职责。

向他提供所需的资源和支持，启发他的思路的全面性和落地性，帮助他把建议变成现实。下一回，当他再次遇到不满意的事情时，他不光愿意带着建设性意见来找你，还会从原先的抱怨者转变为积极的、拥有主人翁精神的人。

消极抱怨者

这种下属是团队中最多，也是最让你无可奈何的。他们会对工作的某个或某几个特定方面产生消极抱怨，但也仅停留在抱怨的层面上，而缺乏建设性的意见和建议。他们的抱怨不光会影响自己工作的积极性，还会影响团队的凝聚力和工作氛围。

当你听到他们所抱怨的事时，会觉得不被理解，因为他们只站在自己的角度去看待问题，并没有看到你或者团队其他成员在这件事情上付出的努力或者需要权衡的利弊。

比如，下属抱怨团队的某个决策对他有不利影响，但其实这是在现有条件下能顾及大多数人利益的最佳选择。当你试图跟他解释，寻求他的理解时，他却不以为然，好像这件事情原本就不难。

遇到这种情况，要先反思，在一些关系到员工切身利益的决策过程中，是否只是自上而下地要求员工执行。这就要谈到一个重要的管理理念——参与管理。

参与管理，主张将员工视为组织决策的重要参与者，通过让员工参与到与之相关的决策和各级管理事务中，提高员工的责任感、工作满意度和工作动力，从而提高组织的绩效和竞争力。

参与管理的核心是员工参与，让员工参与决策和规划，使员工对组织的决策和目标产生归属感和参与感。员工参与可以通过各种形式实现，如参与决策、参与制定目标和计划、参与团队问题的解决等。

简单来说，就是将下属从船下拉到船上，让他和你成为一条船上的人。在决策过程中，要求他们的投入度，鼓励他们的参与，分析每种方案的优势和劣势，对最终的选定方案达成一致，并认同选定方案的不足之处和选择的必要性。

只有这样，下属才不会站在一个审视者的角色去抱怨决策，而是作为建设者维护决策的有效性，并对未来探寻更有效的解决思路保持开放的心态和积极性。

全面抱怨者

这种下属不仅经常抱怨，而且抱怨的内容涉及各个方面，不管是个人问题、团队问题，还是公司问题，好像没有任何一件事情能让他们满意。他们的抱怨会持续不断，不仅影响他们自己的工作积极性和工作效率，还会对团队和公司造成消极的影响。

面对这种抱怨者，以下几个动作非常重要。

第一，了解他们的日常状态。他们往往存在情绪不稳定、缺乏自信、需要得到认可等问题。在与这种类型的下属沟通时，既要有充分的耐心，尽可能听取他们的抱怨，理解他们的情绪和诉求，又要保持清晰的判断，不让他们认为你在认同他们的抱怨。

第二，在适当的时候给予这些下属一些指导和建议，让他们能够从问题中寻找到解决的方法。例如，你可以启发他们多去思考问题产生的原因，或者帮助他们厘清事情的逻辑，从而更好地找到解决问题的方法。同时，你也可以帮助他们建立更加积极的心态，教他们如何面对问题和压力，让他们更加乐观地看待工作和生活。

第三，在处理这些抱怨者的问题时，同步关注他们的实际表现，看看是否真的存在问题或者误解。如果存在问题，你需要采取措施及时解决；如果是误解，也需要及时给予解释和说明，消除误解。这样不仅能够让抱怨者感到被重视和被尊重，同时也能有效地解决问题，避免事情进一步恶化。

第四，在处理这些抱怨者的问题时，同步考虑整个团队的利益，避免他们的负面情绪对整个团队的工作氛围和效率造成影响。

如果你已经很好地做到了以上四点，下属还是不能调整自我，继续流露出他的不满情绪，你就需要向下属明确你的态度和原则，告知他持续抱怨会影响其个人职业发展和团队的工作效率，提醒他保持积极的态度是作为团队成员的重要价值观。

第九节
遇到自己也不会的问题，如何保持在下属中的威信

作为市场部经理，你接到了一项任务，要在两周内向市场成功推广一款新产品。你很兴奋，认为自己有足够的经验，可以带领团队完美地完成这个任务。

然而，时间一天天过去，你却发现目标受众对这款产品的需求并不强烈，而且已有其他竞争对手推出了类似的产品，市场竞争很激烈。你用各种过去经验上的打法都不奏效，难以将你们的新产品和市场上的同类产品区分开来并形成卖点。

看着团队向你投来期盼的眼神，你觉得自己很没用，焦虑和无助感袭来，既因为可能完不成这项任务而焦急，又担心会影响自己在下属间的威信。

你既不想向其他同事和上级求助，又不愿向下属示弱。一向对自己的专业性非常自信的你，怕求助或示弱会显示出自己的无能和不足。

管理工作中，这种会让你产生自我怀疑的情景并不少见。新技术、市场、竞争对手涌现的速度不断加快，变化性、不确定性和创新性不断加强，越来越多的工作挑战不再仅依赖于你个人的经验、知识和阅历就能得到完美解决。

如果你过去一直扮演的角色都是团队中的意见领袖，那么当一次又一次碰到这种自己也没辙的场面会让你更加难受。这是因为，你的社会认同

感捆住了你的手脚。

优秀的解决问题的能力，使你不断赢得下属的正反馈，建立起你的自我认同，你认为解决问题是你赢得下属认同、获取威信的最佳方式。而当"解决问题"这个源头在充满变化和挑战的外在环境干预下被破坏时，你的自我效能感会下降，对自己能力的信心和预期会降低，从而产生一系列无助、逃避、焦虑的负面情绪。

问题就出现在这个源头——对依靠自我解决团队问题的高期许上。这种高期许，既成就了团队，也就是依靠你的个人能力将团队带上了一个台阶，又成了团队的天花板，也就是你的能力成了团队的最高能力，那么下属能力的提升空间就有限了。

比尔·乔伊纳（Bill Joiner）和斯蒂芬·约瑟夫斯（Stephen Josephs）在其著作《领导力阶梯：敏捷领导的五层修炼》中，将能够高效利用内外部关系来预测快速变化的情况并加以应对的领导者，称为敏捷领导者。敏捷领导者所具备的领导力分为五个不同层次，分别是：

- 专家：认为领导者因其权威和专业而得到其他人的尊重和跟随。往往比较坚持自己的意见，较少向他人寻求反馈，容易沉浸在自己的工作细节中而忽略战略性的领导工作。
- 实干家：认为领导者应通过具有挑战性的目标来激励他人。通常比较独断，努力地为自己的看法寻求支持。
- 促变者：认为领导者应该通过鼓舞人心的愿景将合适的人聚集起来，为实现愿景而努力。会授权给他人，能够从多样化的观点中学习，提供并寻求难题的公开交流机会。
- 共创者：认为领导者的终极目标是为他人服务。在关键对话中能够灵活地运用独断与迁就的风格，接纳负面反馈，在实践中主动邀请团队的参与，采取共识决策法。

- 协同者：认为领导者需要帮助他人实现人生目标，并在帮助他人的同时实现个人转型。这种领导者能够在不同的领导力风格间自如地切换，能够在一些情景下增强他人的动力、能量从而带来互利的结果。

可以看出，在以上五个层次中，前两位专家和实干家，是更偏向依靠自我能力解决团队问题的个人导向型。从促变者开始，由以个人、目标为重心，逐渐向以团队、互利为重心转变，偏向于团队导向型。这五个层次不是非此即彼或有优劣之分的关系，而是在领导者的工作中，根据不同的情境有意识地选择不同的表现方式来达到最优的效果。

作为优秀的管理者，有些时候需要你调用的是专家和实干家身份，但面对充满变化、日益复杂的不确定型挑战时，需要你更多地调用促变者、共创者，甚至是协同者身份，来借助资源激发团队能量。这将更能够突破对问题的认知，达到共赢效果，同时建立管理威信。

作为领导者，要发挥团队的创新、思考和解决问题的能力，而不是将自己变成一个解决问题的专家。以下五个方面的建议，能帮助你做出从解决问题的专家到促进团队解决问题的转变，从而更从容地面对日益增多的不确定性挑战。

加强自我觉察

时刻关注自己的言行举止是否正在对团队产生干扰或者限制。尽可能地减少干预下属思维过程的行为，在表达观点时，先听取下属的意见，给予足够的空间和时间让他们自己思考和解决问题，提高下属的自信和自主性。

当遇到明知答案的问题，但下属还没摸到头绪时，提醒自己的角色是帮助团队成长，而不是成为解决问题的唯一专家，意识到自己的过度干预会限制下属的思维和创新能力，使下属养成在决策中过于依赖你意见的习惯。

尽量避免直接告诉下属应该怎么做，而是给予他们充分的支持和资源，并让他们在可控的范围内自主决策。

接纳不同声音

接纳反馈是领导者成长的关键助力之一。自己的专业意见得到下属的一致支持，自然是很受用的，但久而久之，你容易分辨不清，大家是真的认为你的意见好，还是不敢或不愿说出自己的想法。

因此，当你表达了自己的意见后，不要把它直接当成决策，用封闭式提问"大家没什么意见吧？"来关闭下属反馈的通道，而是这样表达："这是我的一点初步设想，作为抛砖引玉，大家能分别说说你们各自的想法吗？"以此鼓励下属提供反馈意见。

当有下属提出他对你的见解的不同看法时，不把它当作是对你的意见的反对，而是看作下属打开思路的好机会，耐心倾听他的想法，认真记录，询问他的思路。对于优于你的想法的地方明确肯定、果断启用，这样做能大大激励团队形成开放的交流氛围。

适时示弱

适时示弱是一种信任下属的表现。你不需要是团队中十项全能的选手，对自己不擅长的领域，或没搞清楚的问题，完全可以适时地展示自己的弱点和不足，这样既可以让下属感受到你的人性化，更容易与你建立互信关系，同时，又将下属从被动的指令接受者转变为想办法的人。

"我不是这个模块的专家,在这个领域,我更相信你的经验和见解。你怎么考虑这个问题呢?"

善用团队教练

团队教练是一种以发掘和提高团队成员的能力、潜力和效能为目的的方法。管理者可以通过运用团队教练来带领团队共同解决问题,激发团队的创造力和解决问题的能力,同时增强团队成员间的协作能力和团队的整体效能感。

"CLEAR 模型"是一种经典、好用的团队教练模型,可以应用在团队工作中,由管理者作为引导者来组织大家共创方案。

C:订约(Contracting)
- 今天我们要解决什么问题?
- 要达成什么样的目标?
- 在开启讨论前,我们可以制定哪些约定来促进目标的达成?

L:倾听(Listening)
- 针对要解决的问题,每一位成员都有什么样的观点?
- 有哪些期待?
- 有什么担心?

E:探索(Exploring)
- 继续向前推进的话,我们可以从哪里做起?
- 需要具备哪些条件、要素,才能够把计划做成?

A:行动(Action)
- 具体要做哪些事?
- 由谁来做?分别做什么?

- 何时开始，何时交付？
- 需要哪些支持？

R：回顾（Review）

- 如果来复盘一下今天的共创过程，我们做得好的地方是哪里？
- 下次可以做得更好的地方是哪里？
- 每个人的收获是什么？

引入资源

你还可以引入一些外部资源，例如咨询公司或培训机构，来帮助团队提高创新和解决问题的能力。这些资源可以提供新的视角和思维工具，帮助团队解决复杂的问题。与此同时，这也是一种拓展你思路、视野的好方式。

第十节
下属不主动向你汇报工作进展，如何做让他转变

下属不汇报的原因

管理团队时，最让人头疼的问题之一就是下属不主动向你汇报工作进展。你只有常常跟在下属后面追问，才能获得一些信息。只要你不问，下属就不会主动找你。

这种情况往往会让你感到被动和失控，因为你不知道下属在做什么，不确定你交代给他的任务是不是在有序地推进。有时，当你追问时，才知道任务比预期拖延了；或者，等你得知工作进展时，才发现已偏离了方向。不能及时得到下属的工作汇报，不仅会影响工作效率和质量，不能及时发现问题、提供支持，也会使你质疑下属的工作积极性和责任心，从而影响你们之间的信任关系。

你可能会采取时不时追问的方法，或者是更强硬的手段，比如试图通过命令和要求来改变下属的行为，但这种方法往往效果不佳，反而发现下属更抵触了。那么，怎样做才能让下属自觉地向你汇报工作进展呢？

在讨论具体方法前，先得分析一下下属不主动汇报的原因：不愿、不会、不知。

不愿

- 不喜欢汇报工作：认为只要自己把工作做好就行了，汇报是烦琐的

形式化动作，是在浪费时间。
- 工作繁忙压力大：处理手上的日常工作、各种项目就已经要加班才能完成了，腾不出时间、精力去汇报工作。
- 缺乏工作动力：没有明确的职业规划和发展方向，或者对当前的工作缺乏认同感，导致不知道自己的工作有何意义和价值，所以没有汇报工作的动力。
- 担心受挫 / 回避批评：现在的工作有地方做得不够好，怕被你指出来。抑或你本身比较严格、挑剔，使下属一想起汇报工作就压力很大。
- 自我保护：下属找过你几次，但你因为正在忙其他工作就搁置了听他的汇报，下属觉得你不重视他和他的工作，为保护自尊而暗暗赌气不再积极主动向你汇报。

不会

- 沟通表达能力有欠缺。
- 不懂高效汇报的技巧。

不知

- 认为自己做的都是上级知晓的日常工作，不知道能有什么值得拿出来汇报的。
- 不了解汇报的重要性和价值。
- 不知道上级期待自己及时汇报工作，以为上级不问就是不需要。
- 不知道在什么情况下应该跟上级汇报一下。

让下属积极汇报的三个维度

了解了原因，就不难得出结论，想要使下属按你的期待及时汇报工作进展，就需要看他是不愿、不会还是不知，从而相对应地从激发意愿、辅导汇报、达成共识三个维度来影响下属。

激发意愿

第一，认可行为。

当一个人的行为或想法被他人认可时，这个人会获得自我肯定感，从而觉得自己的行为是被周围环境接受和认可的，就更容易继续保持这种行为或想法。这在心理学中被称为"认可原理"，指的是人们倾向于遵循他人的行为、意见和态度，尤其是有权威和专业性的人。

如果你希望下属能够及时向你汇报工作，就在他做出这种行动时，及时地回应他、认可他。这里不是认可他的汇报内容，而是认可他跟你汇报的这个动作。

汇报不是非要坐在会议室里一本正经地对着PPT演讲，非正式的且简短的工作进展更新、问题确认，也非常常见和必要。

比如，下属只是在你迎面走来的时候，临时跟你说了一声："领导，上周说的和客户签合同的事，最晚明天就该走完流程了，一切都挺顺利的。"

这时，如果你只是轻描淡写地回一句"好的，我知道了"，那么对一个平时不怎么积极汇报工作的下属来说，他很可能会有两种解读。第一，这件事对你来说不重要，不知道也没什么关系。第二，你对他的工作过程不感兴趣，知道结果就可以。对下属自身来说，他做的每件工作都是重要的，哪怕是简单的工作也有具有挑战的地方，甚至有些工作本身就有难度。而一个封闭式的"我知道了"的回答，就宣告了"可以了，我对其他不感兴趣"，这样，他汇报工作的积极性就会大为下降。

所以，为了激发员工回应，需要"三连击"：表感谢、说价值、显兴趣。

第一击，表感谢。

"小李，谢谢你告诉我。"

第二击，说价值。

"推进这么快可太好了，这样咱们就有希望下个月月底就完成交付，给今年画个完美的句号！"

第三击，显兴趣。

"这个客户可不好谈，我还真挺想了解一下你是怎么推进得这么快的，能不能约个会议，详细跟我说说过程？"

第二，鼓励内容。

如果下属每回跟你汇报时，你都忍不住给他挑各种各样的毛病，从细节到框架，从数据到观点，总是各种不满意，那么汇报这件事对下属来说一定不是一种激励，而是受罚。他不仅会感到压力巨大、怀疑自己的能力，还可能失去对你的信任和尊重。

你可能原本想的是"严师出高徒"，希望下属越挫越勇。但越挫越勇的下属，通常需要他对"勇"的这件事产生强烈的动力，只有这样他才能在压力较大的环境下更有斗志和创造力。对于对汇报这事既不太积极又不太擅长的下属来说，反复提问题只会变成一种打击。

所以，只有想办法在下属的汇报内容中找优点，通过鼓励来激发其投入的动力，才有机会让下属越做越好。

以下这些方面能帮助你找到下属汇报中的优点，发现了就及时抓住它，借机表扬、鼓励下属做得好。

- 下属的工作表现。"这个任务在你的推动下有了很大的进展，我看到了在这个过程中你所付出的努力，你的独立解决问题的能力也让我印象深刻。"
- 汇报准备的充分度。"你准备得非常充分，解答了我的所有疑问，为了这个汇报你一定下了不少功夫。"
- 汇报内容的价值。"你不光在与客户合作谈判中做得好，还通过与客户建立信任，了解到了客户未来两年的公司战略，这对我们团队内部及时调整方向和资源非常关键。"
- 汇报的及时性。"你能把这个问题提出来非常棒，这对我来说非常重要，不是你告诉我，我很难在短时间内发现团队里存在这样的问题，等我发现时，就更不好处理了。"
- 汇报的技巧。"比起上次跟我沟通这项工作的思路，这回你进步很大，能够通过收集数据去验证、支持观点，让你的想法更有说服力了。"

第三，提供支持。

工作汇报不应该是形式化的，而应该是及时发现问题、解决问题、对齐目标、了解下属工作情况的重要手段。因此，虽然汇报的主角是下属，但汇报却不是下属对你的单向输出，而是融合了你的理解与支持的双向沟通。

在汇报这件事情上向下属提供有效的支持，可以从两个方面考虑。

（1）就工作任务给予支持。顾名思义，就是帮助下属发现在汇报的工作中可以提升、调整的地方。当下属提及自己的挑战时，和下属共同商议解决办法。

（2）就汇报本身给予支持。将工作汇报化繁为简，减少下属额外的工作负担。

- 小事随时说，减少正式汇报的时长和频次。
- 调整对汇报材料的要求，降低对过多不必要细节的呈现要求，以及美观的要求。

辅导汇报

如果下属常常无法清晰地表达自己的想法，沟通缺乏重点或逻辑，那么在汇报工作时，不光你听得费劲，他也会对汇报这件事情望而却步。为了帮助他提升表达能力和汇报技巧，可以从教和问两个方面出发。

教，教的是汇报结构；问，是进行启发式引导。

教

有以下三种汇报结构，不妨教给下属。对做汇报的下属来说，这些结构用起来简单易上手；对听汇报的你来说，高效易听懂。

（1）汇报解决方案用 SCQA 模型。

SCQA 模型是一个结构化表达工具，是麦肯锡咨询顾问芭芭拉·明托 (Barbara Minto) 在其著作《金字塔原理》一书中提出。它是一种常见的问题解决结构，也是一种高效的沟通工具。

S：情境（Situation），引出大家熟悉的背景、情境、事实。

C：冲突（Complication），描述实际面临的冲突、挑战。

Q：问题（Question），提出具体问题并针对问题进行分析。

A：回答（Answer），给出问题的解答和建议。

（2）汇报项目进展用 WBS 工具。

WBS，全称为 Work Breakdown Structure，中文翻译为工作分解结构。

它是项目管理中常用的工具，可以将一个大型的项目分解成可管理的小部分，以便项目的规划、组织、控制和执行。下属在汇报项目进展时，可以直接使用 WBS 作为沟通依据来说明目前进展。

WBS 通常包含以下内容：

- 项目目标：项目要达到的最终结果。
- 项目阶段：项目的关键里程碑。
- 关键任务：里程碑下的核心行动。
- 关键子任务：核心行动中的下一级子行动。
- 任务及子任务交付物：每个任务/行动的关键产出。
- 各任务起始周期：每个任务何时开始，何时交付。
- 责任人：每个任务的负责人。

（3）请上级做选择用 PICK 结构。下属使用 PICK 结构可以帮助你更清晰地了解不同方案，做出更明智的决策。

P：问题（Problem），明确需要解决的问题或达成的目标。

I：想法（Ideas），列出所有可行的方案或想法。

C：标准（Criteria），确定选择的标准或条件。

K：知识（Knowledge），搜集相关的知识和信息，作为做选择的依据。

Pick（选择），下属根据标准和知识对方案做出推荐，由上级做出最终选择。

问

当下属在工作汇报中体现出其语言表达存在欠缺时，可以通过启发式提问来引导他学会如何表达更加高效。

- "你的意思是……对吗？"

此方法适合在下属表述不清楚、表达含糊时使用，可以帮助其澄清表达的意思，确保双方理解一致。

- "你能再具体说明一下吗？"

在下属表述过于笼统、缺少细节时使用此方法，可以帮助下属更加具体、清晰地表达自己的意思。

- "你觉得这个方案的优点是什么？缺点是什么？"

在下属介绍方案时使用此方法，可以帮助下属全面了解方案的优缺点，提升方案的可行性。

- "你是否考虑过……的方案？"

在下属提出方案后，用于引导下属思考更多可能的方案，提高下属的创新思维能力。

- "你认为产生这个问题的根本原因是什么？"

在下属汇报遇到的问题时使用，可以帮助下属深入分析问题，找到问题的根本原因，并提出解决方案。

以上是一些常见的启发式问题，可以根据不同情况适当使用。同时，你也可以根据下属的表现，灵活运用不同的问题，帮助下属不断提升表达能力。

达成共识

下属不及时汇报工作，有时不是因为不愿或不会，而是不知。如果你认为下属本应该知道及时汇报很重要，你和下属间的认知差就会更大，容易引起误解。所以，解铃还须系铃人，通过让下属知之，他才可行之。以下是四个重要的共识点。

- 工作重点：告知下属你关注的重点。比如，哪些任务是紧急的，哪些是重要的，哪些需要特别关注等，这样下属就知道该如何安排自己的工作，哪些事情该经常和你保持同频。
- 汇报频率：和下属约定汇报工作的频率。比如每周、每日或者有需要时随时汇报等。这样下属就知道应该在什么时候向你汇报工作，避免因为沟通不畅或者疏忽而耽误工作进度。

- 任务进展反馈方式：和下属约定任务进展反馈的方式。比如，口头汇报、书面报告、电子邮件等。这样下属就知道该如何向你反馈任务进展情况，方便你及时了解任务进展。
- 工作价值：告诉下属他工作的意义和价值所在，向下属传递你对他的工作价值的肯定，欢迎下属及时和你沟通工作中的进展、遇到的挑战，你非常愿意向他提供支持。

价值笔记
The People-Centered Leader

用包容心和好方法，让下属不怕被拒绝或积极面对改进建议

- 坦然拒绝下属不恰当的提议：放下纠结，开门见山；尊重感受，认同动机；提供解释，寻求理解；找出价值，积极认可。
- 想让下属改变，须明白改变的必经之路：我要改进什么？我为什么要改进？我该如何改进？我的感受如何？
- 将批评转化为建设性反馈：
  1）给出具体数据和表现事实。
  2）描述具体表现所产生的影响。
  3）倾听下属的说法。
  4）表达对下属出错原因的理解。
  5）双方共同商讨改进方案并达成一致。
  6）保持客观、尊重的态度。

不急不躁，从容应对下属的对抗情绪

- 切换场域：让下属离开情绪爆发的"此时，此地"，进入一个新的环境中使其情绪得以缓冲，保持冷静。
- 关切询问：站在想要帮助下属的角度来关心他的情况和状态，引导他说出自己的心里话。
- 提升下属的情绪智力：引导下属识别自己的情绪，教他把负面情绪转化

为积极行为,并向他说明情绪管理能力是评估他潜力的重要考量因素。

建立和下属的信任关系,让彼此的配合更默契

- 运用"信任公式":信任关系 = 自我信用 × 信任他人
- 加强作为管理者的自我信用:通过与下属坦诚以待,信守承诺,积极帮助下属解决实际问题,以及站在下属的角度做有利于下属的事情,来储蓄你的"信用账户"。
- 对下属多一些信任:在可控的范围内向下属委以责任,容许下属有一定犯错的空间,适度地向下属分享自己的不足之处或面临的挑战,让下属感受到你对他的信任。

  1)善用团队教练

  2)引入资源

CHAPTER 3

第三章

激励人

第一节
如何正确应对有拖延症的下属，让他变得行动有力

你是否遇到过有拖延症的下属？

- 经常拖延任务完成时间，很少按时完成工作。
- 总是等到最后一刻才开始着手处理任务，导致工作进度缓慢，仓促交付任务结果。
- 对于重要的任务缺乏紧迫感，往往把时间花费在琐碎的事情上。
- 不愿意接受新任务或承担更多责任，总是找借口推脱。
- 缺乏主动性，往往需要你不断地催促才能完成任务。

你试图改变他们，却往往会经历一连串无奈的过程。

一开始，你认为他缺乏动力，于是你鼓励他"你可以的"，却发现虽然他当时答应得好好的，但下回又给了你一个措手不及，任务最后交期都到了，还没完成一半。你很失望，再交代给他新任务时严肃地要求他必须按期完成，但临近交期，他却百般推脱，摆出各种理由要求延期，你气不打一处来，恨铁不成钢。后来你干脆不再给他分配重要的工作，双方在按时交付任务这事上保持着一种默默的僵持状态。

你已经对他下了判断——明明能做到但就是不去做，他一定是故意的。

你之所以下这种判断，是因为你看到的更多是下属由于拖延而导致的外在后果，比如耽误交期、敷衍了事、借口推脱、屡教不改。

而与此同时，拖延也在给下属带来只有他自己在煎熬的内在后果，指的是他们内心承受的因拖延而产生的内在情绪的折磨，包括纠结、后悔、

自责、失望、恼怒。

看看他们的内心戏就不难想象，这些情绪的波动进一步导致了他们的自信心的下降，对自己的能力也产生了质疑。

- "这一回我得早点开始。"
- "干完了这个活我马上就开始。"
- "时间不够了，我在干什么？"
- "为什么我不早点开始呢？"
- "我又拖了，我这个人是不是有什么问题？"

当你能够看到这些内在后果，是不是对他们多了一些理解，也开始愿意对他们的拖延原因做进一步探究，帮助他们找到感受更好、做得更好的方法？

不同性格带来的拖延

从内因上讲，性格的不同会带来拖延的产生。

DISC 理论是一种科学又易于掌握的行为风格分析工具，用于了解个人的行为和沟通风格。该理论最初由威廉·马斯顿（William Marston）博士在 20 世纪 30 年代开发，并于 20 世纪 40 年代后期被应用于人力资源管理和团队建设。

DISC 理论呈现两个维度，第一个维度是关注事或关注人，第二个维度是行动快还是行动慢。两种维度两两交叉，形成了四种行为风格：

（1）关注事行动快的支配型（Dominance）。

（2）关注人行动快的影响型（Influence）。

（3）关注人行动慢的稳定型（Steadiness）。

（4）关注事行动慢的谨慎型（Compliance）。

你可能会立刻做出这样的分辨：行动快的支配型和影响型，肯定没有拖延症的问题；而行动慢的稳定型和谨慎型，必然是拖延症的代表。

其实不然。

支配型

支配型注重权力、自信和成就，喜欢控制局面，直截了当、果断。但是一旦失去掌控力，从"我想做"变成了被要求的"我应该"，支配型就会失去动力，形成拖延。

此外，因为其非常希望得到掌控感、对别人和自己的要求又高，支配型特别容易看不上别人干的活，而往自己身上揽活，因此造成自身的工作量太大，变成了被动拖延者。

影响型

影响型注重人际关系与情感，喜欢与人交往，具有表现欲和感染力。其关注点在于人，在于在人际交往中展现自我魅力与观点。而到了兑现行动阶段，他就容易失去兴趣，特别是没有得到足够的关注、反馈和支持时，就容易不了了之。

同时，影响型容易受到外界的干扰和影响，而忽略自己的任务和责任。常常过度乐观和自信，认为自己可以在很短的时间内完成任务，从而对完成周期预判有误，导致拖延。

稳定型

稳定型注重稳定、安全和可靠，喜欢细节和有条理，倾向于保守和谨慎。稳定型对于新的任务或决策可能会感到不安和担忧，从而犹豫不决。在执行任务时，也常常需要充分的准备和计划才能开始工作，从而导致拖延。

同时，因为稳定型人特别关注他人，和人配合时会过多顾及对方的想法、态度和感受，因此常常瞻前顾后，影响进度。

谨慎型

谨慎型注重质量、准确性和精确性，喜欢分析和推理，常常显得保守和挑剔。

对于新的任务或决策，谨慎型人可能会过于谨慎和犹豫，需要更多的时间来收集和分析信息。此外，这类人又常常想要达到完美和无可挑剔的结果，所以会费更多的时间追求他的高标准结果，从而容易导致拖延。

看了以上分析，你应该发现了，从内因上，拖延症人皆有之。能够驱动下属改善拖延症的，不是揪着他的性格不放，而是根据他的性格特点，找到可能刺激他拖延的外部因素，对其做出调整。

导致拖延的外因

那么，外因都包括哪些呢？

（1）战线过长，目标可望而不可即。任务太过复杂或庞大，需要长时间的投入和坚持，这可能会让下属感到无从下手和缺乏动力。

（2）任务艰巨，对成功信心不足。某些任务可能需要下属具备特定的技能和知识，或者需要跟特定的人群打交道，对沟通能力有较高要求。如果下属缺乏这些要素，他们可能会感到任务挑战过大。

（3）任务太多，注意力过于分散。如果下属同时面对多项时间紧任务重的工作，注意力势必会分散，无法集中精力完成某一项任务，也很难高效地全面推进各项工作。

（4）空间太小，对执行的动力不足。如果下属在工作中缺乏自主权和决策权，一味地接受安排和事无巨细的指令，就容易导致其缺乏执行动力。

解决问题的四种方法

找到了问题，解决问题就容易多了。如果你发现下属的拖延有上述外部的刺激因素在，就可以对号入座，启用解决方案。

战线过长问题

- 调整任务分配策略。如果团队人手资源允许，可以给对容易因战线问题触发拖延症的下属改为安排相对比较短平快的任务，让他能够更快、更早地看见结果。
- "打碎"大目标，变成小里程碑。再长久的任务，再大的目标，也要一步一步地做才能达成。把目标分解成若干小的、明确的阶段性里程碑，让每一阶段的小目标都可量化、可达成。这样下属就不需要总观望很久以后的大目标，而是每次瞄准最近的这个小目标就可以了。
- 及时跟进，及时认可。为下属的小里程碑设定和你汇报的时间表，主动、及时地跟进他的进展，在他达成每一个小目标时，都给予他认可和鼓励，让他带着激励前往下一个小里程碑。

任务艰巨问题

- 明确目标与解决计划。下属遇到能力上的挑战而产生畏难情绪，依靠他自己摸索出门道，既花时间，又费力气，还容易让下属产生放弃的想法。这时下属特别需要你帮助他梳理目标，辅导他形成解决问题的具体办法，给予他足够的资源来补齐能力上的短板。

- 最难的事情最早做。当你已经给到上述支持，下属仍有可能因为信心不足而迟迟不前。这时，如果你能稍微施加一点压力，要求他在规定的时间内尽早完成任务，并需要他尽快向你汇报进展，那么下属虽然是在压力下采取了行动，但当任务完成后，他会感到如释重负，并开始建立"我可以"的信心。

任务太多问题

- 向外调整。如果团队中有其他可支持的人手，不妨将不是必须由任务过多的这位下属做的工作，调出来分给其他同事，让他腾出精力专注剩余的重点工作。
- 重排重点。如果缺乏向外调整的条件，就重新梳理下属手头上的所有待处理任务，根据重要性和紧急性排序，将任务分阶段完成。

空间太小问题

- 授权下属。给予下属更多的自主权和决策权，让其在工作中有更大的自由度和控制力。
- 鼓励创新和尝试。激励下属创新并发展其潜力，鼓励其提出新的想法和方案。
- 提升容错空间。提供一个宽容和可支持的工作环境，允许一定的试错，让下属感到安全和受到信任。

第二节
如何应对"无欲无求"的下属

作为管理者,你一定希望团队里的每一位成员都充满干劲、力争上游。可是,你或许也遇到过这样的下属:

- 他们表现出的工作热情和积极性不够,看上去没有明确的职业规划和发展目标。
- 他们可能有其他的生活目标和兴趣爱好,不愿意把更多的精力投入到工作上。
- 他们对各项工作任务不求做好,只求完成。
- 他们似乎已经满足于眼前的工作,没有进一步的追求和动力,也不愿承担额外的工作。
- 他们在日常工作中体现了优秀的能力,总是能够高效地完成各项任务,让你觉得他们是你的得力干将。然而,当你试图让他们承担更多的责任或者你期待他们有进一步的发展时,他们却往往会表现出抵触和回避的态度,不愿向前再迈一步。

你可能已经尝试过很多种激励方法,在物质激励、发展机会层面上尽力满足他们的需求,试图让他们找到进步的动力,但效果却不明显。那是因为,这些现象的背后,可能存在着各种不同的内在原因。只有因人而异地运用干预方法,才能有好的效果。如何找到下属不积极背后的原因呢?其实,如果你耐心留意,就会发现,这些下属的口头禅中往往泄露了他的需求。

"我这样就挺好的。"

员工认为，你给他设置的工作目标或者你对未来期待过高，进而使他产生两种观点：第一，再怎么努力也达不到；第二，达成期待意味着更大的挑战和压力。

据此你便可以反思，相较于他的能力和资源，你为他设定的目标或期待有多大希望在预期的时间内达成。如果你也发现，这个目标设得过高，那么对于下属来说，他接收到的就不是目标，而只是一个来自上级的美好却不切实际的愿望，同时也会使其对自我的能力持悲观态度。

"其实干什么都无所谓。"

这与员工对工作的兴趣有关，反映了工作内容的安排不在下属的激励区。不管下属是否在个人生活上有令他更感兴趣的追求，其仍然希望自己每天投入大量时间的工作是能够激发他的热情的。做着自己不喜欢又不擅长的工作，且无力改变时，工作积极性的降低也就不足为奇了。

"让我干什么我就干什么。"

这与工作的自主空间有关，说明下属以执行指令为主，很少有发挥主观能动性的机会。如果下属的工作被安排得井井有条、工作按部就班，那么他就失去了创新、试错、思考、灵活变通的弹性空间，而变成了一个执行命令、缺乏成就感和自主感的机器。

"做再多做再好也没有用。"

这与工作环境中获得的归属感有关，代表下属不知道他所做的工作和贡献对团队产生了何种意义和价值，很少得到认可和反馈。反馈，尤其是积极反馈，是下属认同自我的重要途径。如果只是努力付出，但却得不到上级或者团队的肯定，下属会认为自己的贡献是不被看见、不重要的，从而失去了做得更多、更好的动力。

以上四个方面所呈现的能力感、兴趣感、自主感和归属感，恰恰是激发一个人内在动机最为关键的因素。

爱德华·伯克利（Edward Burkley）和梅利莎·伯克利（Melissa Burkley）在合著的《动机心理学》一书中，表明了如果想让一个人产生积极的行动或改变，需要经过以下链路（图3-1）。

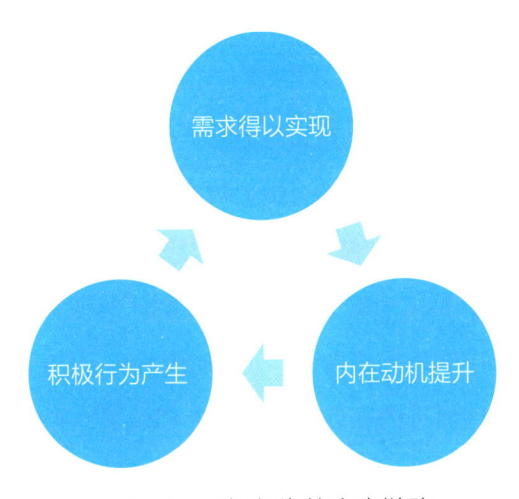

图3-1 积极行为的产生链路

也就是说，要想让下属产生积极的态度与行动，需要提升其内在动机，而提升内在动机的前提是满足他的需求。

- 如果下属缺乏能力感，就重新审视目标的可实现性，或者调整目标使其更现实，或者设计阶梯式目标，使下属能够一步一步做到。同时，注意避免将目标设得过低，使下属感到能力无法施展。

最激励人的目标，是跳一跳就能够得到的目标。这就像球场上的篮球架，球员们都以投篮成功为目标，如果篮球架设置得太低，每次都投进，就失去了竞技性；如果设置得过高，进球全靠运气，就失去了成就感。

- 如果下属缺乏兴趣感，就倾听他的反馈，适当调出其特别不喜欢的工作内容，调入其有动力做好的工作内容。除了调整工作内容，还可以尝试提高下属对工作的认知和理解，让其了解工作的重要性和意义，激发其对工作的热情和兴趣。
- 如果下属缺乏自主感，可以给予他职责范围内更多的决策权和自主空间，让其能够在工作中有更多的自由度和控制感。可以通过委托一些工作任务，让下属能够自己制定工作计划和方案，在风险可控的情况下，让其按照自己的主体思路去实施，在工作中感受到自主权和责任感。
- 如果下属缺乏归属感，可以让他参与到团队的讨论和决策过程中，让他感受到自己是团队的一员，对团队的发展和成果有贡献。也可以让他把他在工作中做得比较好的部分形成最佳实践，分享给团队，既让团队看见他的贡献和能力，也让他感受到自己被重视。同时，多给予下属表扬和肯定，让他感受到自己的价值和重要性。

有时，以上这些促进内在动机的方面你都做了，同时在物质等外在动机上也做足了，但仍有下属不为所动，继续处于躺平状态。那么，你可能遇到了 X 理论型的下属。

X 理论是管理学中关于人们工作源动力的理论，由美国心理学家道格拉斯·麦格雷戈（Douglas McGregor）1960 年在著作《企业的人性面》一书中提出。X 理论认为人们有消极的工作原动力，认为人在工作时是被动、懒惰和不喜欢工作的，必须通过外部激励才会有动力去完成任务。

X 理论认为人在工作中只关心工资和物质利益，不会自发地投入工作中去。因此，相信 X 理论的管理者认为员工只有受到严格的控制和监管，才能达到工作要求。

虽然在现代管理学的发展中，X 理论已经被超越和替代，越来越多的管理者开始认识到，人们在工作中并不是被动和懒惰的，而是有自我激励和自我实现的需求。

但如果你已经在激发下属的内在动力上尽力了，而下属仍然不愿尝试改变，就需要换一种方式，给予其压力，让适当的压力成为激励下属的一种方式。如何正确施压呢？方法有三。

第一，明确目标和期限，让下属明白任务的紧迫性和重要性，明确责任和义务。下属在实施任务的过程中，与其提前约定好跟踪频率、关键节点期待，并且及时跟进下属的进展，让下属产生紧迫感，从而激发他的行动力。

第二，给予建设性反馈。明确提出对下属工作状态不积极、不尽力的观察和反馈，专注于他的行为和不良影响上，明确表达对下属的期望，并为下属提供达成目标的支持和资源。

第三，奖惩分明。一方面在下属的工作状态有改观的情况下，适当给予奖励和表扬，提高下属的自信心和工作积极性，另一方面，要事先向其确认他持续达不到期待的后果，并在下属消极怠工时及时批评指正，必要时兑现后果。

第三节
这样赞美下属，他既爱听又干劲十足

此刻，请回忆一个你曾经得到的印象最深刻的、对你最为受用的赞美。那是什么时候？谁对你说的？是怎样表达的？当时你是什么心情？这份赞美对你产生了怎样的影响？

我想，在回忆时，你已经不禁扬起微笑了吧？是的，这就是赞美的力量，哪怕它已经过去许久，还是能让你重获信心。

人人愿意收获赞美，并在赞美中做得更好，但并不是人人都愿意赞美他人。你是一位爱赞美、善于赞美下属的管理者吗？尝试回答一下以下问题，每个"是"得一分，测测你的赞美值。

赞美测试清单

• 你是否经常注意到下属的工作表现有进步？	是□ 否□
• 你是否能够及时给予下属正面的反馈？	是□ 否□
• 你是否知道如何根据下属的不同表现和个性，给出适当的表扬方式和内容？	是□ 否□
• 你是否能够用具体的数据和事实来支持你的表扬？	是□ 否□
• 你是否能够区分场合来向下属传达表扬的信息？	是□ 否□
• 你是否能够让下属感受到你的真诚和关注，而不是简单的套话？	是□ 否□
• 你是否能够区分不同下属的优点和特长，并有针对性地表扬他们？	是□ 否□

- 你是否能在下属犯错时，提及其优点来建立下属的信任和安全感？　　是☐　否☐
- 你是否给予下属足够的自主权和支持，让他们有机会自我实现和展示自己的优点？　　是☐　否☐
- 你是否在下属面临挑战时给予鼓励和支持，帮助他们克服困难？　　是☐　否☐

最终得分：_____

赞美下属的误区

如果你的得分在七分以下，不妨来了解一下在赞美下属这件事上你可能存在的误区。

极少表扬，认为表扬会使下属骄傲

你对自己的要求高，对下属要求自然也不低。下属日常工作中达成目标、取得的一般进步，基本都达不到你的表扬起点。哪怕是付出了很多努力或者超越预期完成任务，你也多以"再接再厉"为评语。你认为下属取得现有的成绩，是各种资源支持的加成，是他们应该做到的。你希望下属时刻能追求做得更好，而不是因为一点成绩就骄傲自满。

不过，下属却因为总是得不到肯定，不断被要求做得更好，而逐渐产生了对自我能力的怀疑和日益增强的紧张与焦虑感。进步是没有尽头的，过往追求进步的动力，也慢慢变成了背后抽打的皮鞭，成了无形中的压力，下属逐渐变得压抑、紧绷。

过多表扬，认为表扬多多益善

你抓住一切机会表扬下属，下属的点点滴滴你都能找出可圈可点之处，不断地表达对下属的赞美。下属起初受用，得到你的赞美，心中不免充满满足感和斗志。但后来你渐渐发现，下属对你的表扬有了免疫，就像听到自来水的水流声一样平常了。

原来，过度表扬会让人产生内容失真性的感受，下属有了"表扬失效"的心理，表扬就难以起到激励的作用了。

铺垫表扬，认为表扬的目的是引出要求

如果你的表扬后面总是跟着"但是"，那么不出几次，下属就能意识到你是在用"三明治"式的表扬方式（先表扬——再批评——再表扬）来套路他。如果你习惯把表扬当成提要求的开场白，认为这样下属会更容易接受安排，那么下属内心只会暗暗认为你不坦诚。

这种表扬的目的是在下属的积极性被激发后，进一步提出要求和指导。但实际上，这种做法非常容易被下属识破，一旦被识破，就会降低下属对你的信任度和对工作的积极性。

泛泛表扬，认为只要是表扬，下属就能受用

这种表扬最常见，因为它用起来最简单。有没有发现，无论面对任何场景，一句"你真棒"可应万变。但是，这句话对于你来说信手拈来，对下属来说却因过于笼统而欠缺了你的重视度和对下属的启发性。

表扬停留在了表扬本身，没有产生任何对下属来说可延续的力量。

那么，作为管理者，该如何运用好表扬的力量呢？我们先谈该表扬什么，再谈如何做。

实现有效表扬

原则上，最有效的表扬是升维表扬。也就是说，表扬一个人向上跳一跳够到的东西，而不是表扬其向下跳拿起的东西。

这样的表扬，是欣赏，是提升，是拔高，反之，就变成了期待的降低，对被表扬的下属来说，下属会认为他被低看了。

比如，不要表扬一个一线主管做事认真仔细，而是表扬他一线管理经验丰富，能够迅速识别问题的原因，找出解决办法；不要表扬一个技术大拿 Excel 公式写得好，而是表扬他能将专业技术用深入浅出的方式传授给更多同事；不要表扬一个接线员日复一日耐心接打电话的辛苦，而是表扬他有分析用户问题类别、总结话术的意识。

基于这个原则，具体来说，表扬的内容可以分为三类。

第一，表扬行为。

表扬行为是指直接表扬下属的工作表现，让下属感受到自己的努力和付出得到了认可和赞赏。下属的工作行为是最容易被观察到的，从而也是你最容易获取到素材的地方。

例如，当下属完成了一项重要任务，你可以表扬下属取得的工作结果，赞扬他在过程中付出的努力，让下属感受到自己的工作被看见了、被认可了。这种表扬可以让下属意识到他的什么表现、什么行为是被推崇的，他能在未来继续复制该做法，甚至不断改进，超越原做法。

"小李，这个月的销售业绩你拿到了区域第一名，这也是你在过去半年中取得的最好的业绩。我知道这个过程中你付出了很多努力，你的客户数量多、体量小，这些订单是你用心维护好一个个小客户得来的。你做的客户画像分析到现在我都记忆犹新，你所有的努力换来了今天的收获。"

第二，表扬想法。

表扬想法是指表扬下属的想法、思路和建议。一个好点子不光会省掉很多无效的讨论，还会为解决方案打开思路。例如，当团队讨论陷入僵局，大家都想不出如何破局时，一位下属提出了一个点，让大家沿着这个思路继续发散，终于找到了解决之道。当回看这个过程时，这个点子的提出无疑是扭转局面的利器。你适时地肯定下属提的是时候，并且提得好，既在肯定下属的创新思维、逻辑思考、解决问题的能力，也是在向团队传递"好的想法值得被肯定，欢迎大家踊跃提出"的信念。

"小李，今天的会议我们之所以能柳暗花明，多亏了你在中途提的那个新思路，让我们大家能够跳出固有的思维，用新的视角考虑问题。你能提出这种思路，我相信离不开你对产品情况的熟悉和主动思考。"

第三，表扬态度。

表扬态度是指表扬下属的工作态度、动机。良好的工作表现、新思路的提出，背后都离不开一个人对待工作的态度和动力，如果你能识别出这更深层次的信息，及时给到下属正向反馈，对下属来说，将能获得比表扬表面行为、想法更大且更持续的激励和动力。

上一章在谈到给下属建设性反馈时，我提到要"对事不对人"，这里谈赞赏，也就是积极性反馈时，要转变为"既要对事，更要对人"。对人本身的正面评价，是对人内在的深度肯定，比对事本身更有影响力。

"小李，今天面对这个紧急状况，你凭借缜密的思维和优秀的沟通能力将它顺利化解了。在这当中，我看到了你的沉着冷静和责任心，这让我为团队中能有你这样一位同事而感到自豪！"

积极性反馈

积极性反馈（BIA，全称为 Behavior Impact Appreciation），是指在下属

达标、超出期待以及做出卓越成绩的时候，通过指出下属优秀的行为和取得的成果，增强下属的自信心，延续被认可的行为。

运用 BIA 三个基本要素，我们可以快速形成简洁有效的正面反馈。

B：行为（Behavior），即指出下属值得表扬的行为、想法，以及背后的态度。

I：影响（Impact），即指明下属的行为、想法和背后的态度所带来的积极影响。

A：欣赏（Appreciation），即真诚地表示欣赏和感谢。

我们可以参考下面的赞美话术：

"小李，今天在会议上，当面对同事挑战你的观点时，你没有急于反驳他，而是耐心地听取他的想法，询问他的思路，征求大家对不同观点的看法（行为）。这让××同事从一开始的激动，逐渐平静下来，同时也让大家都参与了讨论，保证了会议的有效进程（影响）。我看到了你能够接纳反馈，又能客观地应对不同意见、顾全团队目标，这让我很佩服你，也非常感谢你的沉着处理，让会议有了高效的产出（欣赏）。"

第四节
下属没完成任务就下班，怎么做建立他的责任感

团队的目标是由每一个成员都高效、高标准地完成各自的责任，并彼此之间积极配合而达成的。作为管理者，你一定希望下属在工作时积极主动、勇于担当，但是现实往往不尽如人意。总有些下属：

- 该交付的任务还没完成就自行下班。
- 对自己的任务应付了事，或是频频出现错误、拖延，给工作下游的同事带来额外的麻烦。
- 发现工作流程中的错误，但依然按照错误的方式进行下去。
- 发现了团队或别的同事工作中存在的问题，但不主动提出来提醒他人。
- 只做上级明确交代的任务，没有明确的任务一点都不做。
- 向他人转移工作时草草了事，不认真交接。
- 对同事或合作方的求助、问题敷衍应对。
- 对自己的工作要求是：不求做好，只求完成。
- 遇到问题不主动尝试解决，而是被动等待上级指示。
- 缺乏团队合作精神，只关注自己的利益。

这些令人头痛的表现，都是缺乏责任心惹的祸。

责任心是一个人对自己和他人都承担责任的心态。

在个人层面，责任心表现为一个人有承担自己行为和后果的勇气和能力，对于自己的行为和言论有清晰的认知和把控，有自我约束的能力，并

且愿意承担自己应尽的责任，不会轻易逃避责任。

在他人层面，责任心表现为一个人关注他人的需要和权益，对自己的言行对他人产生的影响有意识地考虑和控制，尽力避免对他人造成负面影响。

责任心强的人不仅能够承担自己应有的责任，也会在工作、生活中积极关注他人的需求和感受，以合作和共赢为目标。

所以，一个缺乏责任心的下属，不光会影响自己该负责的那部分工作的效果和效率，还会耽误其他同事的工作进度，甚至带来同事之间信任感缺失的问题，影响整个团队的氛围和工作结果。

下属责任心不足的四大原因

那么，为什么下属会出现责任心不足的现象呢？原因有四点。

本身尽责性偏低

大五人格模型是基于心理学理论提出的评估人格特征的一种分类方法，它包括五个维度：外向性、宜人性、尽责性、神经质和开放性。这些维度被认为是构成个体个性特征的基本要素，对人的行为、态度、兴趣和价值观等方面都有较好的预测力。

尽责性是大五人格模型的一个维度，它指的是个体具备与责任、目标、计划和成就有关的行为特征。尽责性高的人会表现出严谨、自律、勤奋、可靠、自我约束、有条理、目标导向等行为特征，而尽责性低的人则可能表现出散漫、拖延、随意、冲动等行为特征。

一些人可能天生就缺乏尽责性，或者缺乏培养和锻炼这种能力的机会，导致其在工作中表现出较低的责任心。

尽责性程度高低不仅影响个体的自我发展，还会对个体的工作绩效、人际关系和社会适应能力产生重要影响。

不知道该负什么责任

这可能是因为缺乏足够的信息或指导，或者是因为工作职责没有被明确定义。当下属不清楚自己应该完成的任务时，他们就会感到困惑和不安，并可能会犹豫不决、拖延或者将责任推给其他人。

有时，你将一个任务交给了多个下属，需要他们互相配合交付结果，但却没有明确说明他们各自要完成的部分是什么，每个人应该对什么负责。当你一撤出，下属之间如果缺乏展开二次讨论明确各自分工的意识，就很容易出现多人重复做一个工作，或者存在谁都没有去关注的灰色地带的工作。

受其他不尽责人的影响

这往往是由于工作环境中存在的负面影响所导致的。团队中，如果存在一些缺乏责任心的员工，例如不按时完成任务、偷懒、推卸责任等，原本责任心还不错的同事，在和这种员工打交道的过程中就容易受到影响，动摇尽职尽责的态度。

他可能会感到自己尽责无益，额外付出了辛苦，也并没有得到比不尽责的同事更多的积极回馈。而且，自己的工作效率过高、努力过度，甚至会被误解为"爱表现的拼命三郎"。这样一来，这些员工就会逐渐收起自己的责任心，效仿那些不尽责的同事。

自己不尽责也总会有人接盘

下属不尽责，也可能是因为他们习惯了依赖他人。不管自己的工作是否做好，总会有其他人来接手完成。当他认为即使自己不认真负责，也会有其他人来补救时，就会失去对自己工作质量的重视。这种想法往往是因为你或者与他密切配合的其他同事对他过于包容或者缺乏正确的干预导致的。

提升责任心的四种方法

根据以上原因，有四种方法能够提升下属的责任心。

选人时重视尽责性

作为大五人格模型中的关键特质，尽责性被认为是一个人内在的性格特征，属于冰山下不易改变的部分。虽然环境和社会因素对人的性格有一定的影响，但它在一定程度上与生俱来，并在童年时期逐渐保持稳定，很难在短时间内有较大程度的改变。

所以，与其花大力气培养、塑造下属的责任心，更切实的办法是在选人阶段就选拔具备责任心的人才。

在招聘时，通过观察候选人的行为举止来增加判断依据。比如，候选人是否会提前到达面试现场；如果晚到了，是否会表现出自责，并主动对耽误面试官的时间而致歉；面试结束临走时，是否会将座椅、水杯归位等。这些虽然是一些小细节，但却是一个人是否对自己负责，并为了不给别人添麻烦而主动多做一些的责任心的日常反应。

此外，我们要在面试中针对责任心设计行为面试问题。合适的问题包括：

- 你曾经为了更好地完成任务而额外付出很多努力的经历是怎样的？
- 请举一个在没有明确责任分工的情况下你主动承担工作的例子。

- 当同事向你寻求支持时，你是如何做的？请举例说明。

责任心强的人在回答这类问题时，会体现出行动前有思考、过程中有细节、行动中有付出、任务后有反思。如果候选人只能给你笼统的、冠冕堂皇的好听话，那么就要对他的责任心打一个问号。

增强责任情境的影响力

虽然尽责性是不易改变的个性特质，但并不是说就完全不能提升，一个强有力的方法就是增强责任情境在塑造下属行为上的影响力。

情境论，由美国人格与社会心理学家沃尔特·米歇尔（Walter Mischel）在 20 世纪 60 年代提出。它主要强调，人的行为不是完全由内在特质或性格决定的，而是受外界环境的影响，在个体与环境的互动中产生行为。这个互动，指的就是情境。

一个在个性上不太追求细节的人，却可以作为银行柜员仔细核对客户提供的银行卡信息和现金数额，确保无误。因为这项工作的要求之一就是精准，一旦有误，就会给客户带来损失。

一个性格内敛的人，也可以作为电话客服跟客户主动互动，积极地回答各类问题。因为客服的首要职责就是服务好客户，不与客户积极互动，就无法完成工作任务。

这些都是情境的力量，并且符合高频性、明确性、后果性三点条件。当你想提升、塑造下属的责任心时，就可以设计相关工作情境，并将这三点条件融进情境中，加强它的有效性。

比如，你期待下属每天完成 50 个客户回访电话，但有些下属没完成就下班了，连招呼都不打。提升下属在这项任务具有责任心的情境，不是这 50 个客户回访电话量，而是每日回顾汇报。

你可以召集整个团队在每天下班前或第二天上班后，先开回访回顾会，要求下属一一汇报前一日回访量、接通比例、客户反馈分析、回访量趋势、未完成分析等。

在这个情境下，每天都开会保证高频性，让下属养成每日回顾任务完成情况的习惯；每次都要求汇报这些指标、信息，保证明确性，让下属知道怎么做是对的；如果有人应该完成任务却没完成，就会面对在会议上当众解释的压力，这是后果性。

明确责任与责任人

个人责任要明确责任内容，团队责任要明确责任人。也就是说，如果这个任务是交给某个下属，需要跟他明确他需要交付的内容、标准、交期、完不成的后果分别是什么。

如果这个任务需要团队中多人合作才能完成，就更需注意。这种参与人多的任务，如果没有明确的分工，大家会认为责任不是自己的，自己不做别人也会做，或者别人没做责任也不在自己。这就是责任稀释的后果。

这就需要将任务进行拆解，拆成一个个子任务，然后将子任务分配给指定下属，并让负责该任务的同事彼此都清楚分工是什么。当出现问题时，下属间可以自行找到责任人进行沟通解决，你也可以一目了然地判断问题出在什么环节、什么人身上。

打造责任文化

你也可以通过建立团队章程，强调责任文化在团队中的重要性，从而激发下属自发地塑造、维护负责任的团队文化。章程越落地、易懂，越容易执行越好。以下关于"责任心"的提倡行为，供你在打造团队章程时参考。

- 今日事，今日毕。

- 耐心积极地回应向你求助的同事。
- 在面对挑战时，勇于承担有难度的事。
- 对自己的责任负责，不推诿找借口。
- 发现利于团队改进的问题，主动提出，发现机会。
- 遇到尚未明确职责的紧急工作，先去做，再分工。

第五节
和下属一对一谈话，这样做既谈事又谈心

在你的日程表上，也许工作项目会有变化，但是和下属的谈话总会占有一席之地。作为管理者，和下属进行一对一谈话既是你推动工作的重要方式，也是你了解下属状态和想法的不二之选。可是，虽然它如此日常，想做得好却也不那么容易。有时，你会陷入以下的困惑中：

- 只会谈事：你是任务导向的、目标感强，也不太善于和下属谈任务本身以外的话题。和下属谈话时，你总是单刀直入、直奔主题、你说他听。你说完了，只要对方没问题，剩下的时间就只有尴尬了。一个小时的谈话，常常你只需二十分钟就把该说的说完了，还剩下四十分钟，你既感到如果这时就结束谈话对下属有些许不够尊重，又觉得实在无话可说。

- 被下属带偏：你本来想跟下属谈话题A，但下属一上来就跟你谈事情B，你不太好意思打断，又对事情B挺感兴趣，于是顺着下属的话匣子从话题B谈到话题C。最后时间到了，话题A完全没涉及，但时间已经不够了。

- 想到哪谈到哪：你和下属谈话的一贯开场白是："今天我们谈点什么？"于是，今天谈什么，完全看当时你俩各自想到什么。一场谈话下来，好像谈了什么，又好像什么也没谈。

以上这种谈法，虽然也能完成谈话，但会出现种种"后遗症"：

- 下属执行任务时行动走样。你认为你沟通了，把该传达的都说明白了，但对下属而言，这个谈话是有沟无通，他只听你讲了，但并没

有机会充分表达自己的想法，于是带着自己的理解去做事，跑偏也就不意外了。

- 形成泛泛的上下级关系。泛泛的谈话只能带来泛泛的关系。对上下级来说，一对一谈话是了解彼此、建立深层信任的最佳方式。但把握不好，不但不能增进关系，还会变得疏远。
- 让谈话变成双方的负担。原本谈话是你们在繁忙的工作中难得的交流机会，但却因为缺乏有效的方法，变成了"鸡肋"，食之无味，弃之可惜。每当你们其中有一方因为临时有急事而要取消谈话时，对对方来说反而变得如释重负。

和下属一对一谈话的注意事项

想要规避以上问题，首先要明确和下属一对一谈话的目的。

第一，了解下属的工作情况和表现，及时发现问题，提供相应的支持和帮助，促进下属的个人成长和职业发展。

第二，增强与下属之间的沟通和信任，建立良好的工作关系。

第三，了解下属的需求和想法，激发下属的工作动力和创造力，维护下属的工作稳定性。

基于多重的目的，谈话看似平常，实则意义重大，不能抱着"和下属的谈话机会多的是，这次没谈到下次再谈"的心理，而是在每次谈话中都做到既谈事又谈心。

要做到这一点，既有手段上又有能力上的方法。

手段上，可以注意三个要点。

第一，固定谈话时间。

根据工作需要和下属的工作安排，选择一个合适的时间或循环的固定时间进行谈话，比如设定每个周四上午的九点至十点钟，都是你们的专属一对一谈话时间。

约好后，便遵守预定的时间，不随意更改或取消谈话。通过固定谈话时间，让下属感受到你的重视和关注，并建立起稳定的沟通渠道，不因忙碌而忽视谈话的频率和质量。

第二，提前约定话题。

在进行谈话之前，建议提前与下属约定谈话的话题和内容。这样可以帮助下属准备相关的材料，确保谈话的重点和目的是明确的。同时，你也可以事先准备相关的问题和建议，以便在谈话中更好地指导和帮助下属。通过提前约定话题，你可以更好地掌握谈话的主导权，确保谈话的效果。

第三，你多听，下属多说。

在谈话过程中，根据下属的表现和反应，灵活调整谈话的节奏和语气，并注意控制谈话的时间和长度，避免过长或过短。你多听，让下属多说，但又不忘记自己是主导谈话的人，适时推进谈话的进度，让谈话以终为始。

能力上，最为关键的是提升倾听力。

想让谈话有来有往，既谈清楚事情，又走入人心，就需要透过倾听来听懂下属在讲什么，再通过听懂来加以询问，从而让下属打开思路和展现情绪，了解他的语言背后的深层表达。

重视倾听

倾听，顾名思义，指的是集中精力、认真听。你的倾听力如何？谈话中，你是否会：

- 盼望着对方停下来，以便你能够开始说话。
- 当对方说的不是你想听的或你认为说的不对，你会忍不住打断他，申明自己的观点。

- 当你有别的事情时，会听不进对方在讲什么，不断看时间，想提早结束谈话。
- 一有机会，你会说："你看，我早就告诉你应该这么做"。
- 不由自主地将对方的话题引到自己身上，开始讲自己的故事和观点。

以上的情形，都处在倾听的基础阶段——以自我为中心的倾听。这种倾听，是按自己的观点来判断对方，按照自己的意愿选择听什么、怎么听，是一种以己度人的倾听。

而聆听的更高阶段，是将注意力集中在对方的身上，倾听对方真正的情感和意图，听到话外之音，同时放下自我的评判，站在对方的立场给予回应。

要做到这种倾听，可以借助 3F 倾听法（图 3-2）来帮助自己建立全面、深层次的倾听力。

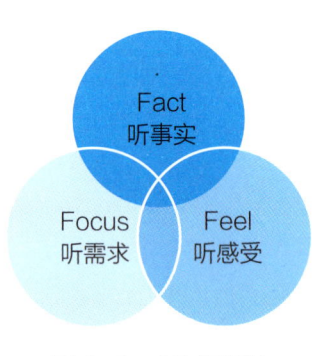

图 3-2　3F 倾听法

Fact：听事实——对方说的是事实还是观点？

Feel：听感受——对方传递了什么样的情绪？

Focus：听需求——对方的语言背后实则是在表达什么需求？

听事实——是事实还是观点

有时下属说到一个点,你不假思索就与他展开探讨,但花了不少时间发现方向有误,这很有可能是因为在源头上没有澄清下属说的是否是客观事实。来看以下例子:

- 小李最近总是迟到。
- 小李不是一个认真的人。
- 小李无缘无故地对我发脾气。

如果听到这些话立刻信以为真,就会顺着这个方向下判断,后面的解决方案就跑偏了。但请留意这些"总是""认真""无缘无故"的词语,它们是引发你去探究这些话是事实还是观点的信号。当听到这些信号时,你的倾听力就已经启动了,澄清也自然而来。

- 小李多长时间内迟到了几次?分别迟到了多久?他跟你是怎么解释的?
- 小李做了什么体现其不认真的事?他以前表现怎么样?
- 你和小李发生了什么事情?是什么原因导致矛盾产生的?他是怎么冲你发脾气的?

这样一问,答案就又不一样了,你的判断也有了更有力的依据。

- 小李最近一个月迟到了三次,第一次迟到半小时,这周一迟到了十分钟,今天迟到五分钟。不过他每次都提前跟我打了招呼,迟到是因为他最近搬家了,对路况还不太熟悉。
- 小李一直以来还挺仔细的,昨天的报表最后的金额出错了,是因为公式链接错了。
- 因为报表上的这个错误，我批评了小李，说他不认真，小李可能觉得有些委屈，因为他一直以来还是很仔细负责的。

听感受——是感受还是想法

想法总是伴随着感受，但如果不注意，你可能会忽略下属谈想法的同时传递出的感受，而直奔探讨他的想法去了。忽略了感受，尤其是负面感受，下属就有可能卡在情绪里，一时跟不上你的节奏而回到现实中解决问题。

"我觉得我做不好这项工作。"

如果下属这样跟你说，当没有听到他的感受时，你可能就奔着辅导他怎么做好这项工作去了。但如果认真倾听，加上观察他的肢体语言、表情语气，就可能发现这句话背后有着不同的感受。

"连这个工作都做不好，我对自己很失望。"
"手上同时在做的任务太多了，再加上这一项让我很焦虑。"
"这项工作本可以交给新人去做，为什么给到已经有经验的我呢，我有些失落。"

你看，想法背后有感受，感受背后又有新的想法。只有听到了下属的感受，才能继续挖掘他的想法，否则，就只能停留在表层想法之上了。

听需求——是感受还是需求

有时，下属不需要你听出他的感受，而是自己直接就表达了。如果你只是表示"我听到了你的感受"就结束了这段谈话，那么其实在下属这边，他还有未被满足的诉求。

拿上文的例子来分析。如果下属这样说：

"连这个工作都做不好，我对自己很失望。"

他背后的需求是，期待重建信心，也愿意把这项工作做好，但希望得到你的鼓励和辅导。

"手上同时在做的任务太多了，再加上这一项让我很焦虑。"

他背后的需求是，期望工作有条不紊地开展，因此需要你帮助他重排工作的优先级，或者多给他一些时间和理解。

"这项工作本可以交给新人去做，为什么给到已经有经验的我呢，我有些失落。"

他背后的需求是，期望做有挑战性、能体现他专业和能力的任务，希望你能够器重他。即便给他比较容易的工作，也能给出合理的理由，让他从中学到新东西。

第六节
下属能力比你强，如何让他既忠心又努力

俗话说，强将手下无弱兵。相信每个管理者都希望自己的下属能力优秀，这样才能形成整个团队的强战斗力。但是，如果下属能力过强，甚至在某些方面超过了作为领导的你，就又成了一件烦心事，因为这样的下属往往不好驾驭。

无须畏惧能力强的下属

这种情况通常出现在三种场景中：

第一，平级晋升。你俩本是平级同事，能力相当，但在最近的晋升中，你脱颖而出成了他的领导。从同事到上下级，他的心理落差可想而知，加上他的能力也不差，自然可能出现不服你的情况。

第二，空降团队。你刚从外部被招聘进来，空降到这个团队成为领导。团队都是原班人马，只有你是新人，而在这些成员间，还有一位能力优秀且团队威信不错的老员工。此时，不光这个老员工会观察你，团队其他成员也在看着你，看你如何能表现得比他们认为应该成为领导的那个老员工更强。

第三，技术大拿。这个同事专业能力一流，不光在你团队内部备受认可，也广受其他部门的赞誉。不光无人能超过他的技术水平，你在专业上对他的指导也有限。久而久之，他常常表现出不满，也经常在技术上跟你唱反调。

遇到这些情况，你可能因担心自己的领导威信受损，而考虑将这类下属边缘化，或是跟他针锋相对以挫挫他的锐气，抑或是相反地无限迁就他。

但当冷静下来，你还是能意识到，有能力强的下属在团队对你来说终究是一件好事。如果能善加管理，不仅能放大他的优势，也让他助力团队的进步，还能体现你的格局，放大你的影响力。毕竟，一个领导者的影响力，不仅体现在影响不如自己的人身上，更体现在影响那些强于自己的人。

所以，在采取适当的方法影响这类下属前，你首先需要在心态上有三点转变。

你和下属比的不是专业能力，而是领导力

作为管理者，你不必强于团队的任何人，尤其是不需要在每一项技术或业务能力上强于下属，你的关键价值并不体现于此。

你的价值是你的领导力，能够把一群性格不同、优势不同的能人聚合在一起，激发大家的自驱力、创造力和凝聚力，为共同的目标合作、尽职尽责，创造出更好的业绩，也让大家成长为更好的自己。

就像汉高祖刘邦说自己军事谋划不如张良，治理国家不如萧何，统军作战不如韩信，但却能把这帮"牛人"聚在一起为自己所用，成就一番霸业。

也像西游记中的唐僧，既不能挑担，也不能降服妖怪，但能带领三个各有神通的徒弟，一路克服重重艰险取得真经。

任何人都有未被满足的需求，有需求就有机会

即使是技术大拿这样的下属，也一定有某些未被满足的需求。可能是对于晋升机会的渴望，也可能是对于某些资源的需求，抑或是对于更高的自我认同的追求。当有能力的下属有未被看见的需求，或者是曾经向其他人表达过需求但没有得到重视，这恰好给了你机会，去了解他，并为他创

造机会，帮助他实现期待的同时，使其感受到被关注的满足感。

真诚以待是最有效的影响力

领导者与下属之间的关系，不仅仅是权利与责任的交换。要真正地影响下属，建立起良好的合作关系，必须从心态上真正地尊重下属，认同他们的优点，理解他们的挑战和困难，并给予真诚的支持和帮助。尤其是对能力卓越的下属，要真心欣赏他的才能，感谢他对团队的贡献，这是对他最有力的驱动。

重心在管理

有了心态上的转变，方式就不成问题了。

虽然你不需要跟下属比较专业能力，但在领导力上，你可以毫无保留地向下属证明你的优势所在。能跟随更有能力、让自己仰望的领导，是每个牛人型下属的期待。

可以从三个点出发来体现你的领导力。

（1）我能知道你不知道的。

你需要保持对行业、市场、竞争对手等方面的了解，并将你对公司的战略目标的解读与下属所负责的领域相结合，主动向下属分享这些信息。

让他理解他的工作是如何与公司战略相链接的，在更好地了解外部环境和行业动态的同时，明白自己需要做出怎样的突破，该如何带着长远的眼光看待未来的趋势。

这些信息是下属无法轻易获取的，你的分享会让他的眼界和认知能力得以提升，也看见自己的局限性。

（2）我能想到你想不到的。

你需要有更为敏锐的洞察力，能够捕捉到下属未曾发掘的机会或潜在问题，并提出有价值的建议和解决方案。

例如，当下属遇到挫折或瓶颈时，你可以提供不同于其想法的解决方案，给予新的思路和创意。

你也可以从另外一个角度出发，思考如何将不同领域的想法融合在一起，打破既定思维模式，提供更有创意的解决方案，这样的思维方式不仅能够激发下属的创造力，也能为公司创造更大的价值。

（3）我能做到你做不到的。

你需要展现出在某些方面的过人能力和经验，比如在团队管理、项目管理、危机处理等方面的实战经验和技能。这不仅能够为下属提供指导和建议，还能够为团队创造出更高的效益。

你还需要展现自己的责任心和抗压能力，能够在困难和挑战面前保持镇定、冷静和魄力，并带领团队顺利渡过难关。

这些能力的展现，可以让有能力的下属对你更加信任和尊重，同时也能激励他更加努力地工作，为公司的长远发展做出贡献。

你的这些"我能"可以借助于领导岗位的优势，但不能完全依赖于它，否则会让下属认为如果换他在领导职位上，也能轻易获取这些资源。这些"我能"要更多地来自你的视野、敏锐度、影响力、沟通能力。这些也正是拉开"牛人"下属与你的差距的关键点。

重视下属需求

在团队中，"牛人"下属是你的关键影响对象，不管他是全力支持你的工作，还是对你有所保留，他都应该成为你的关注圈对象。想要激励他、影响他，先要找到切入口，也就是什么是他的需求。

"牛人"下属通常有以下三种需求：

求发展

"牛人"下属渴望在自己的职业生涯中不断发展和进步，他们不想停留在当前的水平，而是希望获得更多的机会和挑战。作为领导者，你需要帮助他们找到适合自己的发展方向，并提供相应的支持和资源。

例如，你可以定期与下属谈论他们的职业规划，了解他们的兴趣和才能，并为他们提供培训、学习和成长机会。你也可以让他们承担更多的责任，提供更大的自主性，让他们有机会接触新的技术、项目或领域，以提高他们的专业能力和视野。

求认可

"牛人"下属希望得到领导的认可和赞赏，他们希望自己的工作和成果得到尊重和重视。作为领导者，你需要及时给予下属肯定和鼓励，让他们感到自己的努力和贡献得到了认可。

例如，你可以定期与下属进行谈话，给予他们积极的反馈和建议，并及时给予奖励和表彰。你也可以倾听下属的意见和建议，并在工作中充分考虑他们的想法和贡献，让他们感到自己的价值得到了充分体现。

此外还有三个小方法，虽然看上去不起眼，却可以起到很好的激励效果。

（1）塑造大牛形象：遇到团队成员或跨部门同事寻求帮助，如果正好是牛人下属的领域，不要直接解答，而是这样回应："这种问题就去问小李，他是这块的权威。"

（2）俯下身来请教：当大牛下属又一次出色地解决了问题，不要只是表扬他做得好，而是抱着学习、欣赏的态度询问他："你是怎么做到的？"

（3）不吝越级夸奖：当你的上级赞扬你的工作做得好时，如果这离不开大牛下属的贡献，不管是否当着他的面，都真诚地向上级表达你对大牛下属的付出的赞赏和感谢。

求空间

牛人下属希望有一定的自主权和自由度，他们不想被束缚和限制，而是希望有一定的控制感和决策权。作为领导者，你需要尊重下属的想法和决策，给予他们足够的空间和自由度，让他们有机会展现自己的能力和创造力。

例如，你可以让下属自主选择和安排自己的工作，让他们有机会独立完成任务和解决问题。你也可以鼓励下属尝试新的想法和方法，给予他们足够的支持和信任，让他们有机会创新和实践。

诚意铺路，助力下属发展

如果你发现下属既有继续向上发展的愿望，又不乏潜力，那么帮助他实现发展愿望是对他最好的认可。

除了给予下属专业技能和领导力方面的支持，你还可以帮助他寻找发展机会，为他推荐晋升、调岗、深造的机会。通过这些举措，你不仅可以为下属的发展提供支持，也可以增加他们的信任和忠诚度，从而带来更好的团队表现和工作效率。

第七节
"00后"不好管，是因为你没读懂他要什么

你可能遇到过下述尴尬场景：

- 面试的最后，你请应聘者向你提问。他们问的不是未来的职业发展路径，不是岗位的考核要求，而是这个工作是否加班。
- 入职后，他们果然不加班。你请他们协助，他们会直言晚上已有安排，毫不犹豫地拒绝你。
- 他们请假的理由直白而多样，"我家的猫生病了，我需要陪它去医院""昨晚睡得太晚，今早实在起不来"。
- 他们工作表现不错，你想给他们晋升机会，没想到他们不假思索地拒绝你，因为不愿接受升职后带来的更多的加班和工作压力。
- 他们想多一点团队活动，但当你筹划团建时，他们却对你的点子种种挑剔。
- 他们不给老同事甚至你面子，遇到自认为不合理的事情会直接表达不满和自己的主张。
- 他们离职从不拖泥带水，留给你一句"不喜欢了"，然后说走就走。

如果你在默默点头，那么说明，你也是那个在为新生代管理头痛的领导者。探讨"90后"的话题热度还未散去，"00后"已席卷职场。玩笑话说，"00后"是来整顿职场的。真实的情况是，每个代际有每个代际的特

点，就像"70后"带"90后"有苦恼一样，"80后"带"00后"，不是因为新生代本身有什么问题，而是代际的差异罢了。你不懂我，我不懂你，在任何的关系上，都会形成壁垒，甚至分歧。

你可能会说，年轻人为什么不主动了解职场规则，改变自我？但相信你也听过，谁痛谁行动。在上下级关系中，当面对下属不好管，更痛的一定是作为管理者的你。同时需要强调的是，你的主动改变不光是因为痛，更是因为相比较新生代下属，你更有资源去改变，也更有达成双赢的动力去改变。

想要和新生代共舞，需要分三步走——懂他们是谁，懂他们要什么，懂你该如何给。

他们是谁

"00后"出生就伴随着更加充沛的物质基础，受过更高等教育的"70后"父母、持更加开放理念的学校给了"00后"更尊重其个性的成长环境。与此同时，"00后"的学业、求职、竞争的压力也在与日俱增。这让"00后"新生代职场人兼具以下特点。

更自信

他们普遍对自己有较高的评价，对自己的能力有信心。在职场中，他们不会因为对上级或同事的畏惧而缩手缩脚，而是更加勇于表达自己的看法。当他们的能力、想法受到质疑时，也更容易坚持己见。

更自我

他们注重个性化的表达和自我价值的实现，往往具有较强的创新意识和探索精神，更倾向于通过自己的努力来获得职业发展和个人成长。在职场中，他们不会盲目追求所谓的"成功"，而是更加注重自己的个人价值和特点，善于利用自己的优势来实现职业发展。过去那些对激励下属管用的晋升、加薪、发展机会，在"00后"身上不再有立竿见影的效果。

既主动又被动

他们勇于尝试新事物、不断学习和进步、寻求自我突破，但同时又有被动的一面。当他们在工作中遇到一些挑战和困难时，可能会显得被动和犹豫。你会发现，如果你不主动去询问他们的想法和困难，他们就不会主动跟你讲，但这并不意味着他们心里没有想法。

更知道短期目标

他们知道自己现在或者短期内想要什么，善于制定和实现短期目标，注重工作和生活的平衡。他们不会像老一辈人那样只注重工作，而是更加注重生活品质，比如旅游、健身、社交等，这也使他们更有动力和精力去实现自己的短期目标。

对长期目标有迷茫

尽管他们具有较强的自我意识和价值观，也清楚自己当下要的是什么，但他们对长期目标的规划和实现存在一定的迷茫。他们可能会感到困惑，不知道自己的职业发展方向，也不清楚如何实现自己的长期目标。

他们要什么

了解了新生代的特点，就不难理解那些隐藏在特点背后的需求了（图3-3）。

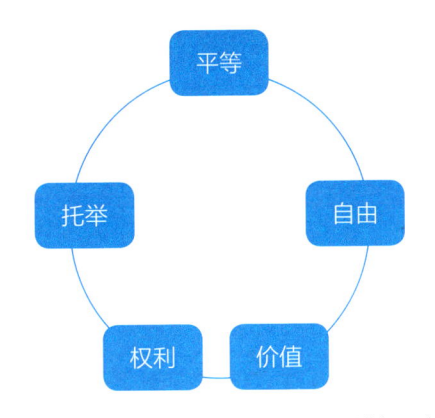

图 3-3　新生代职场人的五个关键需求

- 要平等：他们对平等的渴求强烈，不希望因职级、年龄、资历等客观因素而被区别对待。
- 要自由：他们热爱自由，不希望被束缚和限制，他们需要开放、包容、自由的工作环境，从而展示自己的个性、才华和创造力。
- 要价值：他们追求的不仅是工资和职位，更希望通过工作实现自我价值和社会价值。
- 要权利：他们对自己的权利有更强烈的意识，希望自己的权益能够得到保障和尊重。他们需要一个公正、透明、有序的工作环境，希望能够参与到与他们相关的决策中，知晓跟他们有关的各类信息。
- 要托举：他们需要责任心的领导团队，关心和支持他们的成长和发展。他们希望有一个能够给予他们建设性反馈、指导和帮助的工作环境，让他们看见自己的可能性，并且不断提升自己的能力。

如何给他们

这时再回看本节开头那些令人困扰的新生代管理难题，你会发现，这些行为背后，是因为新生代的某种需求未被满足。如果你能主动帮助他们填补这些需求的差距，就是在创造与他们共赢的机会。你可以从三个方面来创造机会：

淡化权威

过去，管理者因职级自带权威，下属服从管理、执行指令，是管理者认为很正常也很高效的管理方式。但对于新生代下属来说，权威式管理已经不能让他们全然信服。只有淡化权威，用平等的姿态、欣赏的态度、合作的意识去赢得他们的信任，才能获得新生代下属所认同的管理权威。

- 给予建设性反馈时，把"你"换成"我们"。

将"小李，这次会议的准备工作有遗漏，你认为你有什么地方值得反思？"

更改为：

"小李，这次会议的准备工作有遗漏，我们一起来分析一下下回怎么做能做得更好，你先说说你的看法如何？"

- 布置工作时，把祈使句换为开放式提问。

将"小李，明天客户来访，你去把会议资料准备好，明天上午十点前放在我桌上。一会我跟你讲讲具体要求。"

更改为：

"小李，明天客户来访，我需要你帮助我准备一份完备的会议资料。上回你也参加了客户来访，你觉得怎么准备这份资料比较好？我想明天会前一两个小时能提前看看资料，你预计最快什么时候能整理完？"

赋予权力

此"权力"非职级所带来的职权，而是自我管理的权力。

决策上，邀请参与。当团队需要制定一项或大或小的新政策或者要做某个决定时，但凡跟下属相关，就可以向他们征求意见和建议，听取他们的想法和看法，并且在决策时适当地采纳他们的意见，让他们感受到被重视。

即便最终决策时无法采纳他们的意见，也要及时向他们说明原因以及决策者在决策过程中做过的努力。对新生代员工来说，很多时候，被看见、被听见，比被接受更重要。

信息上，开放共享。及时将重要信息进行开放共享，增强新生代下属的参与感和归属感。例如，在进行绩效评估时，将评估标准和结果公开透明化，让他们能够全面了解自己的表现，认同评估的客观性和公平性，同时也更清楚自己的定位和努力方向。

任务上，授予责任。可以将合适的任务授权给新生代下属，让他们在工作中承担更多责任和挑战，从而增强他们的自我管理能力。不要怕他们搞砸，而是给他们信任、支持和试错的空间。如果担心风险，就将任务拆分成其可承担的子任务，或是风险可控的小项目。对新生代下属来说，做有新鲜感的、跳一跳就能够到的任务，是他们成就感的重要来源。

教授思维

要教新生代如何做事，但更重要的是教他们如何思考。其中最为关键的四种思维，分别是时间管理意识、解决问题的思路、沟通的视角和情绪与压力管理。

这些自我管理的思维方法对你来说信手拈来，对于新生代下属来说却是值得学习和刻意练习的。那么，如何传授他们呢？

（1）在你们的一对一谈话中，向他介绍这四种思维是什么，以及其重要性。

（2）请下属回去做自我评估，来看针对这四项他的自我感知是怎样的，认为自己需要提升项的优先级是怎样的。

（3）下次下属跟你分享自我评估时，你也将你的观察反馈给他，对接下来从哪里开始提升达成共识。

（4）确定好开始项后，向下属讲解这项思维背后的内容、逻辑、方法，推荐培训、书目等资源供他学习。

（5）在适合运用这项思维的工作任务中，提醒他进行练习。

（6）随后，在你们的谈话中，请他分享练习中的心得，你也将你的观察、建议反馈给他。

（7）当这一项思维达到你们的初始目标后，就可以过渡到下一项。

第八节
告别泛泛之交，和下属建立深度关系

有一种累，不是带团队打胜仗的辛苦，而是这样的疲惫：

- 在给下属委派任务前，需要提前做很多理由、价值的说辞准备，沟通时也需要迂回铺垫，来避免下属的抵触情绪。
- 在跟下属沟通事情时，如果你说得简洁、直接，下属就很容易误解你的用意，你不得不再返工解释。
- 下属间动不动就闹矛盾，到你这里告状，让你做法官评理。
- 团队里大大小小的事都需要你监督、布置、干预，好像离了你，团队就不能转。

夜深人静时，你不禁憧憬，如果画面换成以下这样该多好：

- 你无须多言，只需一个眼神、三言两语，下属就能会你的意。
- 在做艰难决策时，你无须跟下属反复解释游说，他自会理解你的挑战，支持你的决定。
- 团队可以实现日常工作的自运转，不需要你随时在旁跟进。
- 成员之间互信互赖，了解彼此的个性、长短板，能够包容彼此并默契配合。

想要实现这些期待，关键在于建立深度关系。

- **在你和下属间，建立深度关系。** 当你和下属之间能够在一定程度上预判对方的行为，而不是试探、揣测，那么你们之间就建立了关系。

当你们基于对彼此的了解，在与对方的相处中感受到某种程度的自然舒适，而不是紧绷、压力，并拥有共同的信心、目标时，你们之间就建立起了深度关系，也就是基于信任的个人关系。

- **在团队成员之间，建立以信任关系为基础的团队文化。** 企业文化理论之父埃德加·沙因（Edger H. Schein）曾这样定义"文化"：文化指的是人员被培训为不只是对需要标准化的事情做到精确，而是在那些需要新的应变的领域，能够自行思考，并能够自我组织。

而以信任为基础的团队文化是团队实现自组织、自复原的前提。

不论是想实现深度关系还是以信任为基础的团队文化，都是将人际关系上升为"2级关系"。

埃德加·沙因和彼得·沙因（Peter A. Schein）教授在其所著的《谦逊领导力：关系、开放与信任的力量》一书中，从文化角度定义了关系的四个层级。

- −1级：完全没有人情味的支配与强迫。
- 1级：交易型角色和基于规则的管理、服务以及各种形式的帮助关系。
- 2级：个人化、合作性、信任的关系，就像朋友和高效团队中的同事关系。
- 3级：情感亲密的、相互承诺的关系。

−1级关系是一种负向关系，是一种非人性化的苛刻关系，在现代组织中已经比较少见。

1级关系在职场中普遍存在，它是机械的职业化关系，用权威、规则、流程来约束人的行为，不管是上下级还是团队成员间的合作，都是不带人情的、缺乏感情色彩的照章办事。

2级关系中，不管是面对上级还是团队同事，都把对方从只看作一个履行职责的"角色"，转变为看作一个整体的、有名带姓的人。这种关系强调将双方个人化，在职业的面纱下，将更多属于个体的一面投入到关系中，袒露在对方面前，让双方除了工作关系，还有朋友般的了解与默契。

3级关系是更加密切的友谊，超越了2级关系。这层关系可遇而不可求，同时又需注意向彼此分享个人化信息的界限，以确保不影响职业关系。

这四种关系中，基于职业场景，最需要发展的是2级关系，也就是"谦逊领导力"所提倡的关系模式。

那么如何建立2级关系，或是从1级关系向2级关系跨越呢？

你与下属的个人2级关系

第一，评估你与下属的关系层级（图3-4）。

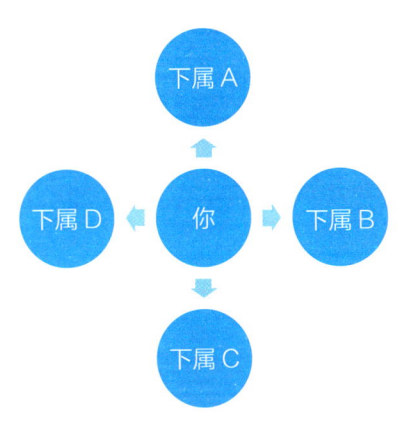

图3-4 你与各下属的关系层级

将你的下属名字逐一放入圆圈内，根据上文四层关系的定义，评估你与每位下属的关系层级，并将层级数字写在下属名字的旁边。

这时，你就知道哪些下属已经与你建立了 2 级关系，哪些需要从 1 级关系发展至 2 级关系。

第二，梳理你与 2 级关系同事建立纽带的关键行为。

之所以能成为 2 级关系，你一定在关系的建立和维护上付出了额外的努力或精力。它们可能是：

- 你会主动分享你读过的好书、文章，听过的好歌。
- 你会主动分享你的家人、孩子的趣事、动态。
- 你会袒露你无力的时刻或是坦然承认你的不足。
- 你关心对方的生活状态。
- 你对对方的爱好、兴趣报以好奇心。
- 你了解对方的为人，对他没有偏见。

第三，分析和 1 级关系下属疏远的原因。

评估一下，你是否：

- 对他有什么偏见。
- 工作太忙，疏于对他的关注。
- 只喜欢多跟自己性格相投的下属打交道。
- 希望对方能够更加主动拉近关系。

第四，调整疏远心态，尝试建立纽带的关键行为。

提醒自己：

- 每位下属都值得你付出关注。
- 理解是建立在了解之上的。
- 作为上级，你是建立 2 级关系的关键人。

通过以上四步，你将能与你的关键下属建立起更坚实的信任关系。

团队之间的 2 级关系

你与每位下属都发展成 2 级关系，这固然很有帮助，但这种关系毕竟是纵向的。要让团队更加高效、更具凝聚力，还需要建立团队成员间的 2 级关系，形成信任互赖的团队文化。

信任的核心是了解，尤其是对于个人弱点的了解，更能促进彼此间的理解，让大家把彼此当作一个更有血有肉的完整的人来看待与包容。

作为团队领导，你可以通过团队引导的方式来帮助团队搭建基于了解的信任。这种引导方式，被称为个人经历练习。

第一步，请团队成员每人通过 DISC 或 MBTI 等性格测评，做一个个性自评。

第二步，请大家带着各自的测评结果，来到会议室中。

第三步，引导大家每人回答三个个人化的问题：

- 你出生在哪里？在哪里长大？
- 你有几个兄弟姐妹？你在家中排行第几？
- 童年时你曾经经历的最困难、最重要，或最特别的挑战的是什么？

需要注意的是，这种练习的目的是让彼此看见自己那个不为人知的一面，往往是脆弱的、有缺点的，并且对自己成为现在的样子有意义的经历，所以一是要选择问对当下的大家不会有多大影响的童年时期的经历，二是希望大家能够认真地选取故事，三是希望每个人能够坦诚分享，而不是变成炫耀大会。

为了达到这个目的，第一个回答问题的人最好是你自己，这样可以建立一个基调，让大家在开放的环境下分享自己的故事。

在这个过程中，大家可能找到了老乡，产生同属于家中老大的共鸣，看见了某位要强的同事是如何从小时候成长为现在这种性格的。

第四步，请每个人逐一讲解自己的个性测评报告。

每个人在朗读自己完整的报告过程中，既讲优势，也谈不足。基于前一步个人经历的分享，大家都对彼此有了更强的好奇心，也有了一定的包容度。在这个环境下，同事们更容易打开自己，在谈及自己缺点的时候，也寻求了其他同事的理解，甚至表达了自己的歉意。而在每个人的分享过程中，大家也发现了每个人都是多元的、不同的，也都有值得理解的地方。

在这样的练习下，大家对彼此更加了解，也更能理解同事的行为习惯。当下一回有合作或分歧时，就能回顾起对方缘何如此，从而及时地调整自己看待问题的角度，就有机会把团队的内耗变为协同。

价值笔记
The People-Centered Leader

感觉好才能做得好，用走心的赞美让下属充满干劲

- 表扬既要及时又要真心，在极少表扬和过度表扬中找到平衡点，并让表扬的话语言之有物、诚挚真切。
- 最有效的表扬是"升维表扬"，既能让下属感到受用，又能让他愿意主动给自己设置更高的目标，取得更好的表现。表扬的内容既可以是行为本身，也可以是想法或者态度。
- 使用积极性反馈法，通过指出值得肯定的行为，强调行为带来的积极或长远影响，表达真诚的欣赏和感谢这三步，来增强下属的自信心和自豪感，从而使其继续坚持被认可的行为。

用恰当的方法，让下属的责任感可遇也可求

- 选人时重视尽责性：尽责性是冰山下不易改变的特质，想要塑造下属的责任心，更切实的办法是在选人阶段就选拔具备责任心的人才。
- 增强责任情境的影响力：人的行为会受到外部环境一定的影响，通过设计能塑造责任心的工作情境和工作要求，帮助下属按照负责任的方式工作，养成尽责的习惯。
- 明确责任与责任人：个人责任要明确责任内容，团队责任要明确责任人。
- 打造责任文化：通过建立团队章程，强调责任文化在你团队中的重要性，激发下属自发地塑造、维护负责任的团队文化。

建立与下属的强信任关系，让配合更加默契高效

- 实现深度信任关系的关键，是将你与下属或团队成员彼此间的人际关系上升为"2级关系"，让双方除了工作关系，还拥有朋友般的了解与默契。
- 建立你与下属的个人"2级关系"：第一，评估你与下属的关系层级；第二，梳理你与"2级关系"同事建立纽带的关键行为；第三，分析和"1级关系"下属疏远的原因。第四，调整疏远心态，尝试建立纽带的关键行为。
- 建立团队成员之间的"2级关系"：通过"团队引导四步法"来帮助团队建立基于了解的信任。

CHAPTER 4

第四章

选对人

第一节
把握核心三原则，保你选人不跑偏

招聘是所有管理活动中最重要的环节之一。因为我们几乎无法改变一个人，只能选对人。

——彼得·德鲁克（Peter F. Drucker）

你经历过选人的焦灼、懊恼或者沮丧吗？这些情景可能你都很熟悉：重要项目在手等待开工，你望眼欲穿，离职骨干的替代人选却迟迟招不上；面试了不少应聘者，但不是经验不足，就是能力一般，左看右看都不中意；终于有一位各方面都满足要求的应聘者了，面试过程你和他相谈甚欢，即将入职了应聘者却婉言谢绝了你；选中的人总算入职了，你以为这下可以安枕无忧，但其表现却不尽如人意，没过几天又不得不劝退，继续"大海捞针"。

你和人力资源部都付出了很多时间和精力，为何效果令人失望？是努力不够，还是方法不对？我们不妨先做个小测试（表4-1），看看以下哪些选项符合你的情况，符合的请打"√"。

表4-1 选人有效行为自测

序号	情境	选项
1	即使已经遇到了还不错的应聘者，你也总觉得下一个应聘者可能会更好而选择再等等	
2	你秉承宁缺毋滥的原则，想找一个各方面都完全符合要求的应聘者	

续表

序号	情境	选项
3	遇到能力突出甚至强于你的人选，你会担心驾驭不了他而选择拒绝录用	
4	你觉得应聘者应该主动表现出强烈地想要抓住这个工作机会的态度，如果没有，哪怕其他方面不错，你也可能不会录用他	
5	招聘过程中，你只参与面试环节，跟应聘者无其他交集	
6	如果应聘者拒绝了录用通知书，除了让人力资源部再想办法，你自己通常不会主动做什么或者想不到能做什么去挽留应聘者	
7	你只用两三分钟时间浏览一下简历，或者直接不看，就去面试应聘者	
8	你会根据应聘者的情况随机提问，每场面试都问得不太一样	
9	你拒绝应聘者的理由有些抽象，常常只可意会不可言传，比如"这个人沟通时给人的感觉不太好"	

在这个小测试中，按顺序每三道题为一组，共三组。如果你在该组有至少一个"√"，那就说明你在这组上存在认知偏见。这三组依次对应着管理者在选人这件事上常犯的三个问题：

（1）缺乏标准。

（2）被动接受。

（3）方式随机。

因此，我建议你在投入选拔人才的具体事务之前，先把握好三个关键原则：

（1）选合适的而非最好的。

（2）重视主动吸引的力量。

（3）使用科学的甄选方式。

选合适的而非最好的

为什么不是选最好的呢？

第一，最好意味着没有标准。

正所谓，没有最好，只有更好。当你期待一个最好的人选时，就是在找一个头脑中的完美人才，"最好"的定义可以无限扩充。今天面试一位技术过硬的程序员，你期望他谈吐更好一些；明天面试到谈吐更好的，你期望他项目管理经验再丰富一些。这将是一个反反复复、难以登顶的过程，结果往往是在等待与比较中迷失方向。

第二，最好意味着矛盾。

你打算招一名销售顾问，对这个岗位的绩效考核要求是达成有挑战性的业绩目标。你对人力资源部说，你只有两个要求，第一，客户开拓能力强；第二，一定得是个认真、仔细的人。看上去你仅提了两个要求，不能说要求高，但把这两个要求放在一个人选身上就是可遇而不可求的条件，变成了"既要……又要……"。

因为，对于大部分人的个人特质和能力来说，都有此长彼短的倾向性，通常较难在相对立的两个方面同时做到卓越。

客户开拓能力强，表明人选的沟通能力强、以结果导向、人际敏锐度高，而具备这几点的人，通常不会特别循规蹈矩、仔细谨慎。类似的"既要……又要……"还包括：既要遵守流程，又要富有创新意识；既要结果导向，又要过程管理；既要专业独立，又要宜人合群。

第三，最好意味着最高的期待。

如图 4-1 所示，应聘者的工作动力与稳定性，和他所期待的与你能提供的之间的平衡正相关。你能提供的恰好都是应聘者想要的，那么皆大欢喜，落在满足区；如果应聘者期待的你不能满足，就会落到失望区。对于最好的人选，他的期待也一定与他的资历成正比，资质能力越优秀，期待越高。应聘者的期待不仅体现在薪酬、职位、短期的晋升机会上，还体现在富有挑战性的工作内容、决策权、长远的发展、资源的支持、能互相切磋的同事、上级的风格等方面。如果你并没有做好准备，或者压根无法配备人选所期待的，那么即使他不在招聘录用阶段让你失望，你们彼此也会在应聘者入职后失望。

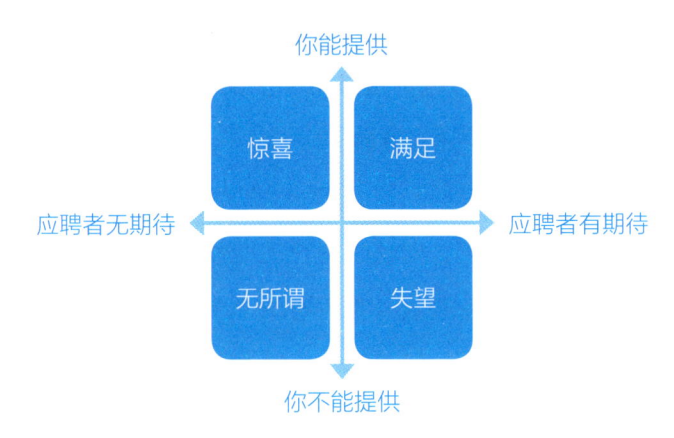

图 4-1　应聘者期待四象限

那么，是不是说，只要不把预期设成最好的，预期就会自动符合呢？不是的。这里还需要避免另一种情况，即总是在找自己能驾驭的应聘者。面对那些锋芒毕露的、能力突出甚至专业性超过你的应聘者，当你因担心他们不够听话、不好管理而选择拒绝录用时，你就陷入了除了"最好"的另一个极端。这种现象并不少见，甚至非常普遍，以至于在管理学中有一个专有名词体现这个问题，叫作"俄罗斯套娃现象"。

俄罗斯套娃现象是一种因为有不安全感和追求容易沟通而产生的一种管理者倾向于找不如自己的下属，从而导致组织一代不如一代，最后走向衰落的现象。

现在，细数一下你的下属，是在不同的方面比你强的人更多，还是不如你的人更多？当有挑战的任务来临时，你会苦于没有出类拔萃的下属可用吗？当你想提拔下属搭建人才梯队时，是否会因为下属纷纷无欲无求、甘愿躺平而感到无奈呢？如果你苦笑点头，那么很可能你已经成为你所带领组织中的那只最大的套娃。

因此，在选人时，既要规避不切实际的"最好"，又要警惕寻求安全感的"小一号"倾向，然后在两者之间定位到"适合"的应聘者，并且将"适合"的含义提炼成标准，坚持用这把标准之尺丈量本轮招聘中的每一位应聘者。本章第二节将详细拆解如何制定选人标准。

重视主动吸引的力量

回想笔者十年前做 HR 时，每次校园招聘都满场，每场招聘会的摊位前都被应聘者挤得水泄不通。他们争先恐后地递简历，我们这些企业人员连去卫生间的时间都没有。那时，很少有应聘者放鸽子、拒绝录用通知书，面试中准备充分、极力表现求职意向的应聘者比比皆是，完全体现了企业挑选人才的买方市场地位。也许这种情况塑造了管理者认为人才比比皆是的观念，直到近几年不断经历被看好的人才拒绝，管理者才逐渐意识到人才和企业的供给关系已经发生了翻转。人才，尤其是优秀人才，不光不会主动送上门，还需要企业极尽吸引之力才能招致麾下。

你可能会问，人力资源部已经在应聘者的吸引工作上做足文章了，还需要用人经理做什么呢？其实，这就像相亲，红娘功课做得再足，不如当事人主动伸出橄榄枝。回到用人经理身上，主动做出吸引动作不光能增加人才选择你的倾向性，也能为人才加入后与你高效配合工作打下最初的基础。

那么，如何既稳又准地展开对人才的吸引呢？人才在加入你的公司你的团队之前，仿佛在围城之外，有期盼也有担心，其担心背后是对未知环境是否能满足自己需求的揣测。他们最关心的，无外乎以下五点中的某一点或几点（图 4–2）。

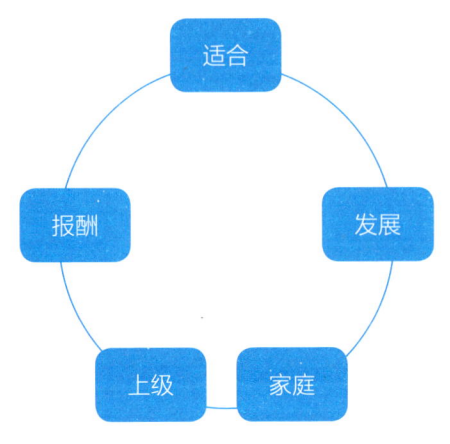

图 4-2 应聘者求职关注点

第一，适合。

"这份工作适合我做吗？""企业文化、团队氛围适合我的风格吗？"

你可以主动分享这份工作的关键内容、价值，团队的氛围，企业的价值观，用亲身经历的小故事去影响他。

第二，发展。

"这份工作的发展空间大吗？""我能得到怎样的晋升机会？""几年后我的市场竞争力将如何？"

如果他资质好、富有潜力，那你可以提供适合他且更有吸引力的职位，让他在加入时就感到被器重，并多向他介绍横向、纵向的职业发展路径。

第三，家庭。

"这份工作需要切换城市与家庭异地，是否值得？""出差加班多吗，如何平衡生活？"

你需要提供灵活的用工方式、体恤他需求的福利，如弹性工作，SOHO办公（居家办公），探亲假期和补贴，家庭参观日等。

第四，上级。

"我和上级能合得来吗？""上级水平如何，能否给我发展机会？"

你需要展现对人才的包容、爱惜和信任，以及自身的专业素养。比如，认真地准备这场面试，问出结构化且引发应聘者思考的问题，或者针对某个专业问题和应聘者探讨观点，在尊重、认可他的同时，也输出你自己有深度的见解。

第五，报酬。

"薪酬与我上一份持平，值得换吗？""未来薪酬的增长空间如何？"

关注薪酬是应聘者的权利也是刚需，你可以向他分享他在工作中做到何种水平将能获得怎样的薪酬增长空间，并展示公司薪酬福利的关键内容，帮助他建立对整体薪酬的信心。

使用科学的甄选方式

你可能曾经体会过录用了错误的人选是怎样一件得不偿失的事。选人时满打满算用的几个小时，换来的是为了让他做出改变所付出的数十倍的时间和精力。不光整个过程让双方心力交瘁，结果往往也是以失败告终。于是，你不得不劝退新人，开始新一轮招聘。然而，如果方法不变，大概率是又一轮的恶性循环，其中的成本、心力、对团队工作的影响不是仅用数字就可以衡量的。

那么回到选人阶段，当你面试应聘者时，最信手拈来的提问是什么呢？你觉得什么因素对应聘者的工作表现有关键影响？

你喜欢问如下这些问题吗？

- 请你做一个自我介绍。
- 你的优点和缺点分别是什么？
- 你觉得自己为什么能胜任这份工作？
- 如果你遇到这种挑战，你会怎么解决？

你对某个星座的应聘者有青睐或排斥吗？看到应聘者的字迹工工整整，是不是就能判断这个人一定心思细腻、认真靠谱？对方看上去沉静内敛，你是不是就觉得他沟通有碍、影响力一般？

不能说这些问题或看人的经验完全没有道理，但从人才甄选手段的科学性上来说，以上这些做法的信效度都是很低的。也就是说，它对于判断人才的工作表现的准确性既不稳定也不准确。

在预测人才未来工作表现的这个研究领域中最有影响力的人——哈佛大学教授大卫·麦克利兰（David McClelland），经过大量对比研究得出结论，一个人在过去的实际工作中展现出来的行为是预测其未来能否取得成功的最好指标。

由此，在过去半个世纪中，行为面试法——通过过去的行为预测未来表现的面试手段，被组织广泛应用于人才的甄选中（表4-2）。

表4-2 行为面试法提问样例

能力素质	信效度低的传统提问	信效度高的行为面试法提问
沟通能力	你的同事如何评价你的沟通能力？	请举一个你在推进某项任务时需要协调其他同事配合你的例子，你是如何处理的？

顾名思义，行为面试法聚焦在"行为"上，既不是观点、想法，也不是业绩、结果，而是通过在过往真实发生的事件中所采取的行为，来评估该行为所代表的能力素质的水平，并与岗位的招聘要求也就是我们前文所说的那个"适合"的标准，进行匹配。应聘者的过往行为模式与岗位要求匹配程度越高，应聘者与岗位适合度就越高，他未来在该岗位上取得高绩效的可能性也就越高。

有了以上三件法宝，你将得到一个成功选人的必备公式。在开展选人工作时提醒自己这个公式，哪怕做得不完美，也不会跑偏。

成功的选人 = 合适的标准 × 主动的、有针对性的吸引 × 科学的甄选方法

下一节，我将带你详解当你要招聘时，如何把标准设置得清楚且合适。

第二节 HR问你想要个什么样的人，你该怎么答

明确岗位职责的好方法—3W1H

你想招一个人，人力资源部约你开会，以收集你对这个岗位人选的要求。你该从何谈起？如果你到了会上现想，那么可能后期招着招着就会发现当初对招聘要求思虑不周，要推倒重来。如果只说要个聪明、踏实的人，未免太过随意又抽象，因为人人都有对聪明、踏实不同的理解。所以，为了能更快、更精准地招到合适的人，你需要制作一把尺子，并固定使用它，用这把尺子丈量本轮招聘中的每一位候选人。这把尺子就是人才画像。那么要想得到人才画像，首先需要建立一个基础——岗位职责。

岗位职责，也就是你常听到的"JD"（Job Description）。如果你的公司没有已经制定好的岗位职责，那么接下来你将学会如何快速将其创建出来（图4-3）。如果已有，那么这套方法也能帮助你更好地理解"JD"的用意，补充缺失的关键信息，以及明白它如何与后面要产出的人才画像相链接。

岗位职责 ➡ 人才画像 ➡ 评估候选人

图4-3 招聘标准创建流程

我把这套"岗位职责+人才画像"的创建法总结为3W1H法（图4-4）。用"三个W"构建岗位职责，用一个"How"阐释人才画像。

$$\frac{\text{Why+What+Who}}{\text{岗位职责}} + \frac{\text{How}}{\text{人才画像}}$$

图 4-4 3W1H 岗位职责与要求创建法

步骤一：Why（为什么），这个岗位设置的目的是什么？有哪些关键产出？使用哪些指标能衡量这个岗位的绩效结果？

步骤二：What（做什么），为了达成上述目标，需要做哪些关键任务？各任务的权重如何？

步骤三：Who（和谁合作），在实施这些任务的过程中，需要跟哪些关键人员打交道？频率如何？

步骤四：How（如何做成），怎样做能高效完成上述关键任务、与关键人员打好交道、达成甚至超越绩效指标？

我们以一个销售代表的例子，先来回答"三个 W"，完成岗位职责的创建（表 4-3）。

表 4-3 销售代表岗位职责

三个 W	岗位职责
Why	岗位目的：积极开拓、维护客户资源，完成公司的销售任务。 绩效考核指标：销售业绩任务完成率、客户服务满意率、新客户开发计划完成率
What	（1）通过日常拜访、电话、产品介绍会等多种形式，向客户宣传、介绍、销售公司的产品，达成公司各阶段的销售任务（占 40%）。 （2）参加公司组织的各项市场营销活动，进行活动的推广、实施，以及销售的转化（占 30%）。 （3）维护客户关系，为客户提供优质的售前、售中、售后服务（占 20%）。 （4）收集、整理、归纳潜在和现有客户信息，对客户群进行深入分析，制定有针对性的销售策略并予以实施（占 10%）
Who	企业端客户（外部）、市场部市场专员（内部）

根据以上案例，先考虑为什么要设置销售代表这个岗位，再分析为了

达成目标都需要完成什么任务，然后联想要完成这些任务离不开谁的合作或需要去影响哪些人。这样一气呵成，是不是就很简单了？

有了岗位职责，你就已经建立好了"一个基础"，就可以进入"How"环节——人才画像，也就是职员具备怎样的素质和能力才能做好岗位职责。要分析出人才画像里具体涵盖的内容，就不得不再一次提起哈佛大学心理学教授大卫·麦克利兰，他所创建的冰山模型在过去半个多世纪被国内外知名企业应用在人才的识别、配置和发展上，为人才要实现岗位目标和职责需要具备哪些方面的素质提供了全面的框架。

冰山模型以水平面为分隔，将人的个体素质的不同表现形式划分为"显现的"水面之上的部分和"隐藏的"冰山之下的部分。从上至下，分为知识、技能、能力、个性特质、价值观和动机六个方面（图 4-5）。

其中，水面以上的部分包括知识与技能，是外在表现，最容易识别。水平面若隐若现的是能力，虽没那么显而易见，但也并非深不可测，通过本章第一节讲到的行为面试法可以检验。而水面之下的个性特质、价值观和动力，就越来越偏内在，越往下越不易识别，但又是左右我们的外在行为，影响着人才的工作表现、晋升速度、和他人的合作顺畅度等方面的关键因素。

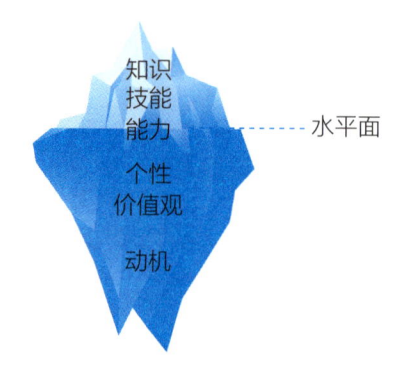

图 4-5 冰山模型

知识：是最易于理解和辨别的，指的是你从书本、课堂、培训中学来的内容，它考验的是你的记忆力、理解力和归纳总结的能力。比如，产品知识、运营知识、管理知识、英语知识、法律知识、经济学知识、计算机知识等。

技能：是你通过实践所掌握和具备的专业技术和经验。它已超越知识层，进入实干层，更多地强调实践、经验、重复、熟练，需要积累。比如，带团队的经验、项目管理经验、编程能力、英语交流能力等。

能力：是你在执行特定活动或任务时的行为模式。它通常不是一朝一夕练就的，并且在不同的场景和挑战下不断内化，形成才干，具备跨岗位、跨领域的可迁移性，比如沟通能力、决策能力、问题解决能力、学习能力等。简单来说，能力的强弱，实际是行为模式的差异化的结果。

以"沟通能力"为例，一个在沟通前会思考沟通目的，沟通时讲求结构和逻辑、善于倾听对方的人，和一个不管三七二十一先说为敬的人相比，沟通能力和效果高下立见。

相较于知识、技能，能力对一个人的成功、绩效起着更为关键的影响。越高阶的岗位，对知识和技能的要求越弱，而对能力的要求越高。

打比方说，一个人能熟背骑自行车的步骤和要领，是具备了"骑自行车的知识"；通过真骑真练，能够熟练地骑行，是具备了"骑自行车的技能与经验"；能够沉着且灵活地应对各种路况、比赛压力、突发状况，是具备了诸如"抗压、分析、解决问题"的能力。

个性：个性是指一个人行为的主动倾向性。对于同一件富有挑战的工作任务，具备相应个性倾向的人比不具备的人内耗少、动力大。虽然不是说前者一定比后者在该项任务上做出的结果更好，但是的确有更大的可能性。

举例来说，一个喜欢独处、善于独立思考处理事务的人，你让他去组织团建活动，虽然这对他而言在能力上没有挑战，但却消耗着他的能量和动力水平。

价值观：是指你在语言和行为上所展现的对是非、重要性、必要性等的态度和立场。选择了和你价值观匹配的企业和岗位，和一群与你有共同价值观的同事共事，你会感受到久处不厌、相处不累，甚至火花四溅。

企业和团队寻求和吸引有共同价值观的人才，同时也塑造、影响着员工的价值观。在追求高业绩时，销售额与客户利益孰轻孰重？诚信与项目结果如何取舍？这都需要价值观起作用。

动机：是选择背后的根本原因，是直接推动你进行某种选择、行动以达到一定目的的内部动力。它作为冰山模型水下的最深层，意味着它是最隐匿、最稳固的一个要素。

至此，一个冰山模型的元素构成，就依次回答了人才画像上的六个问题：

（1）候选人需要具备什么关键知识？

（2）需要有哪些技能、何种领域的经验？

（3）需要拥有哪些关键能力？

（4）对他在个性倾向上有什么期待？

（5）希望他符合企业/团队的什么价值观？

（6）对他的内动机倾向有什么期待？

我们以前文的销售代表的岗位职责为例，它的人才画像就如表4-4。

表4-4 销售代表人才画像样例

冰山模型元素	人才画像要求
知识	产品知识、行业知识、客户群理解
技能	百万级大客户销售经验
能力	沟通能力、解决问题能力
个性	结果导向
价值观	诚信，客户至上
动机	成就动机

需要注意的是，画像内容越多，对人的综合要求越高，越难找到合适人选。还记得第一节中的三原则之一，招合适的而不是最好的吗？为了避免不自觉地设定完美标准，最后一步还要把这些要求排列出必备项和优选项。能力、个性、价值观、动机里加起来的必备项建议在四个以内，如果候选人能在满足这四个的基础上额外达到其他某个优选项，只能说明你非常幸运。按这个条件一筛选，例子中的销售代表从能力到动机的必备项就变为：沟通能力、结果导向、诚信、客户至上。

此时，你可能还会觉得面试中要评估的内容很多，下一节，我将介绍一个聚焦法，让你轻松驾驭面试。

第三节
不管面试什么岗位，只需一个聚焦点

面试时间有限，但想把人才画像的各维度要求面得全，该怎么办呢？其实，你只需要一个聚焦点就够了（图4-6）。

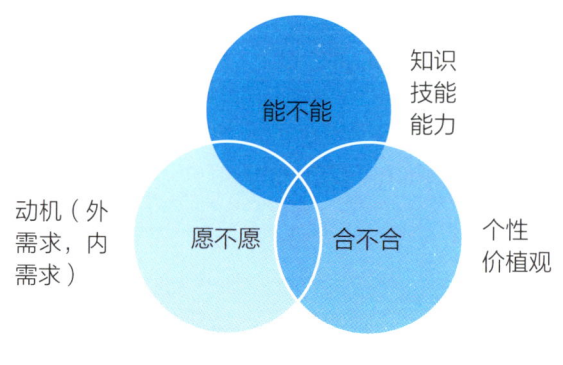

图 4-6 面试聚焦点

在一场面试中，无论是初级岗位还是高级岗位，你只需要关注候选人三个方面：能不能、愿不愿、合不合。三者交会，就是适合的候选人。任何一个方面偏离圆心，都有较明显的用人风险。

能不能：也就是冰山模型中的上三层——知识、技能、能力。确认候选人是否具备胜任岗位的必备知识、技能经验，以及通用能力。

而其中的知识、技能，因为在冰山的最表层，最易于识别，所以它们通常不需要占用面试时间，可以通过简历中的教育背景、资质证明、经验水平，或者增设的笔试、机试来检验。这样一来，在面试中的能不能就只剩下一项——能力。

愿不愿：是候选人的动机，既包含稳固的内动机——成就、亲和、权利、影响，也包含显性外需求——钱多、活少、离家近等。因为内动机属于人非常内在的部分，并不是通过一两个小时的面谈就可以判断准确的，所以内动机的考察通常采用科学的心理测评的方式辅以参考，并且考察对象多是工作胜任程度更受内动机影响的高端岗位的人才。这样，面试中的愿不愿也只剩下一项，即外需求，通常被称为"求职意愿"，或"求职动机"。

合不合：包含个性和价值观。主要指个性上是否适合岗位内容；价值观上是否符合企业和团队的文化。

那么如何把这三者融进一场面试中去呢？通常来说一场面试大约为60分钟，并分为四个阶段：暖场、核心面谈、候选人提问、结束语。暖场、候选人提问和结束语控制在15分钟左右，剩下的时间都留给核心面谈。接下来我们来一一了解每个阶段如何进行。

暖场

- 落座：避免与候选人坐正对面，以减少对立氛围，以45%左右的倾斜角度为宜。
- 打招呼：用友好的口吻与候选人打招呼，介绍自己的职位、称呼。这里的破冰小技巧是，直呼候选人的姓名，让对方感受到你的重视。"你好，是×××女士对吗？我是大客户运营总监×××，很荣幸能跟您有这个面谈的机会。"
- 寒暄：选择生活化、轻松的话题，用提问的方式与候选人互动。"我从简历上看到你住得比较远，来的路上通勤情况怎么样？"
- 介绍：讲解今天的面试流程，包含面试时长、提问方式、记录方式。"今天的面试预计一小时左右，过程中我将就你过往的学习、工作经历进行了解，有的地方可能会询问得深入一些。为了帮助我汇总评估结果，我会一边提问一边适当做一些记录，希望你不要介意。"

- 开启：开始正式的提问，但是不建议一下子进入一个很深入的话题。因为候选人通常会或多或少感到紧张、局促，为了缓解候选人的压力，加快她对陌生环境的适应，可以选择她有所准备的且比较容易回答的话题。"简历中提到你在上家公司自毕业后连续工作了10年，能谈谈你都经历了哪些职责的转变吗？"

核心面谈

45分钟的核心面谈要评估四个方面：求职动机、能力、价值观和个性，而这四方面又可以组合成两部分。

能力、价值观和个性都能通过过去所经历事件中的行为所展现，三者统称为"胜任力"，面谈需要30分钟。通常按照每一个胜任力需要10分钟来计算，如果有四个胜任力，面谈那就需要再增加10分钟。另外，求职动机需要面谈15分钟。

这两大部分的顺序可以互换，但通常先展开对岗位胜任更重要的胜任力评估。时间的分配虽然不是严格定义，过程中可以有一些灵活调整，但将时间合理规划给每一部分的关注点，有利于你不被候选人的反应拽跑，高效地完成所有方面的评估。

以上一节举例的销售代表为例，四个必备胜任力为沟通能力、结果导向、诚信、客户至上。每个胜任力可以设计两个行为面试题：

沟通能力：

- 你在过往和客户的沟通中总结了什么关键心得？请举例说明你是如何应用这个心得的。

- 你是怎么让坚定的客户改变主意的？请说说当时的情形。

结果导向：

- 请举一个你曾经为了实现高业绩目标而付出巨大努力的例子。
- 曾经没有达成目标的情况中，哪次令你印象最为深刻，你是怎么做的？

诚信：

- 请讲讲你因为信守承诺而赢得客户或者同事信赖的例子。
- 你曾经在工作中犯过什么错吗？请讲讲当时具体的情况。

客户至上：

- 你曾经遇到的最有挑战的客户是怎样的？请谈谈当时的挑战。
- 请举一个你曾经主动从客户的角度为之着想的例子。

每个胜任力最好能用两个事件来验证，并且成功和失败事件都要兼顾，这样才能获得更全面的信息，使你做出更客观的判断。

有时一个问题问完，候选人一两句话就简单带过了，或者说了一大堆都不在点上，这时就需要你提醒他回到重点上来。

"您能说得再具体一些吗？""我刚才的问题是……您可以就这个方向再回答一下吗？""如果您需要思考，我们可以先进入下一个话题，过会儿再回到这个问题上。"

候选人提问

经过前面核心面谈的评估，无论你的结论是喜出望外还是失望，都建议给候选人提问的机会。一方面是出于尊重，面试作为双向选择，应该给予候选人检验企业的机会；另一方面，候选人这不到10分钟的提问，会增加你做评估判断的依据，甚至发现前面 50 分钟没有发现的问题。

"我对您的提问基本上到了尾声，您有哪些问题吗？欢迎向我提问，不管是前面的谈话中你可能产生的疑问，还是其他你对我们公司、岗位感兴趣的地方。"

在候选人提出问题时，可以适时地进行肯定。

"这个问题真是一个好角度，让我思考一下回答你。""好多候选人都对这个问题感兴趣，事实是这样……"

结束语

第一，追加吸引。感谢候选人的提问，对于候选人没有问到的企业、岗位所具备的亮点，可以向他描述，尤其是对那些你比较满意的候选人。

"通过前面的对话，可以看出您对我们企业的了解还是很丰富的，我也再补充两点，帮助你对我们有更全面的认识。"

第二，下一步安排。介绍本轮面试结果的通知时间和方式，以及如有后续面试的话可能的安排。

"本次面试的结果将会在三个工作日内由人力资源部通过电话或邮箱向您传达，请保持手机畅通，及时查看邮件。如果通过本轮面试，后面还会有一次跟总经理的面谈。"

第三，感谢。感谢候选人参与应聘，引导候选人离开公司。

"感谢您对我们公司感兴趣以及今天这一个小时的谈话。今天的面试就到这里，请耐心等待我们的通知。"

整个面试过程需保持节奏紧凑，不管提问还是倾听，别忘记记笔记。可能你会觉得自己记忆力很好，但大量实例表明，你的记忆可能不准确，刚告别候选人就回顾面试过程都可能忘记一些要点，更不用说隔上几天再回忆了。所以，一边倾听、一边记录候选人的关键词，用你熟悉的符号标明你的疑问，在适当的时机跟进提问很重要。

我通常把笔记本的一页纸从中间划一道竖线，左边记录候选人的关键回答，右边的平行位置快速写几个关键字来提醒我在这里有疑问。这样，不光在面试中可以随时检查本子上的疑问，确保该问的都问到，面试完也可以迅速根据记录回顾候选人的表现，做出更客观、更准确的评估。

第四节 入职表现和面试相去甚远，问题出在哪

候选人履历丰富，有出色的项目成果和业绩，面试中与你侃侃而谈，谈笑风生。你满心欢喜地录用了他，如获珍宝，期待他入职后能大展身手。可是，一个月、三个月，甚至半年过去了，他一个项目也上不了手，任务推动不及时，工作思路也与你的期待大相径庭。你和他谈了又谈，他也表示无奈、无力，最终选择了离开。

你百思不得其解，面试时表现那么优秀的人，怎么会与实际表现相差如此悬殊？

类似这种情况很常见，抛开入职后对于新人的辅导、融合的支持够不够的问题，若只回溯面试环节的问题，我总结有三点原因：

（1）错把经历当经验。

（2）错把经验当能力。

（3）错把能力当动力。

看到这里你可能会问了，经历、经验、能力、动力，这些概念之间有什么区别呢？

经历 vs 经验

经历：人在，心和手不一定在。经验：人、心、手都在（表4-5）。

表 4-5　经历与经验的区别

维度	经历	经验
类似任务参与过的次数	一次或多次	多次
过程中的精力、脑力、时间的投入程度	小	大
过程中的主动程度	被动	主动
参与任务后的个人收获程度	小	大
过后可以教别人做	否	是
过后可以复制到下一次类似任务中	否	是

心代表了投入的主动性，手代表了行动的落地性，因为心和手的缺席，"经历"如走马观花，或照葫芦画瓢，对个人能力提升有限，对此项任务的优化也产生不了多少助力。而有了心和手，有助于找到怎么样能做得好甚至更好的规律、方法、窍门，也就有了"提炼"。

举个例子，同样都是每周要与 400 个潜在客户进行电话销售的小 C 和小 D，从他们各自的描述就能区分出谁只有"经历"，而谁拥有了"经验"。

小 C 说："我把 400 个电话一分为五，每天打 80 个电话。每天早晨一到公司我就开始顺着名单从头至尾地打，遇到不接电话的我会再打一次，如果两次都不接，这个客户我就放弃，好抓紧打后面的。一天打 80 个电话量很大，喝水都顾不上，通过努力，我每天会产生四五个有意向到店的客户，一周就是近 20 位。"

小 D 说："前两周打电话，我给自己设置的目标不仅是要把每周 400 个的量打完，更重要的是摸索出怎么打更高效、更能出单。我把每天的接通率、回拨率、拨打次数、拨打时间段、客户信息都做了详细的记录，发现了一些规律。

"第一，周一的拒接率最高，从周二开始逐步提升，周五又回落；第二，未接后主动给我回拨的客户中，我曾拨打过三次的回拨率是拨打两次的两倍；中午十二点半到一点半及下午的三点至四点，是接通率的高峰；35岁至45岁的妈妈客户更容易对我们的产品产生意向。

"根据这些观察，我调整了方法。比如，我把电话量向周二至周四倾斜，周一和周五留出比平日更多的意向客户跟进时间；我调整了自己的午休时间，早点吃午饭，12点半开始联系客户；一遍未接的客户，我会接着再打一次，然后未回拨的话隔两小时再拨打第三次；遇到中年妈妈客户，我会花更多时间了解她们的需求。此外，我会把我们的产品组合成不同的套系，并且向她们询问意向。

"经过这种磨合，头两周的实验阶段一共产生了50位意向到店客户，后面用新方法，平均每天能产生10到15位意向客户，平均每周在60位左右。"

显而易见，小C虽然描述了一通连水都喝不上的辛苦劲，但比起小D的人、心、手合一而产生的更有价值的"经验"，小C的"经历"就毫无亮点了。

经验 vs 能力

经验，是指熟能生巧，它决定了效率，由执行多次类似任务形成的方法提炼，多表现为观点。能力，是指内外兼修，它决定了效果，是基于个人主观能动性与差异化的行为对事件过程与结果施加的个人影响力，多表现为具体行为模式（表4-6）。

表 4-6　经验与能力的区别

维度	经验	能力
培养或提升的难度	易	难
跨任务可迁移性	不易迁移	可迁移
对主观能动性的要求程度	低	高
对底层特质的要求程度	低	高
任务完成质量水平	能做对	能做好
任务覆盖广度	侧重成事	成事＋成人

上文中的小 D 具备了电话销售中提高效率、统筹安排电话量、提高接听率的"经验"，加上他的业绩结果不错，很容易让人得出结论，他的"能力"不错。这就是典型的将"经验"等同于"能力"。

怎么样能识别出你是否做了误判呢？只要加上两个字，问自己一个问题就可以：他的"什么"能力不错？

如果你能回答出是哪种能力，并且这种能力是这类任务的核心能力，就代表没有误判，反之，就需要进一步评估能力。

回到小 D 的例子，统筹安排电话量、提升接听率的行为都是方法、观点层面的，即便勉强把这些行为跟能力挂钩，也只能归到时间管理能力、数据分析能力这些方面，而一个出业绩的优秀电话销售的核心能力并不是这些，应该是"沟通能力"。在小 D 的描述中，我们并没有看到他的业绩是如何跟他的沟通强相关的。

如果小 D 接下来这样进行补充，那么就能判断他具备沟通能力。

小 D："不同的客户有不同的风格和需求，也就需要我使用不同的方式去影响他们。我需要通过听来快速识别客户的风格，也需要通过问来捕捉他的需求，还需要有逻辑地按照他的情况推荐合适的产品。

"比如去年我接触过这样一个客户，电话接通我刚一说明来意，他就非常烦躁地大声说，这周已经有不同的人给我打过两次电话了，我的问题也没得到解答，同样的话说 N 遍，你们是怎么管理的！

"我一听，心中立马判断，应该是有不同的两位同事之前跟他沟通过两次，他已经把他的需求说了两遍。一方面，现在又要重新说一遍，他愤怒于我们在浪费他的时间。另一方面，他之前愿意讲两次，说明他有一定的耐心，并且对我们的产品并不排斥。

"想到这，我立马向他道歉，说明我们同事间没有交接清楚客户信息，重复地打扰到了他，让他把同样的话说了一遍又一遍。客户听我这么一说，态度立马缓和了很多，说也不能怪我，就是他本身比较忙，还需要反反复复地沟通。

"因为我手上没有客户之前沟通的信息，又想到不能让客户再说一遍同样的话了，我就跟他说，我现在就去找同事调取之前与您沟通的信息，您今天什么时间能有个十分钟，我想再次跟您通话，解答您所有的疑问。

"就这样，我们后续又做了沟通，他成了我的意向客户，后来还正式采购了我们的产品。"

能力 vs 动力

有能力，可以确保任务做好。有动力，可以确保能力落地，驱动实现业绩超越，且持久自我赋能（表 4-7）。

表 4-7　能力与动力的区别

维度	能力	动力
外显性	易识别	不易识别
任务完成质量水平	能做好	能做更好
对有挑战的任务的适应性	高	更高
对新环境/人的适应速度	有快有慢	快
对未来发展潜力的影响度	较高	更高

前文的小 D，已经"经验"与"能力"兼备，你是否已经断定他来你的团队做销售，在更大的平台下一定会再创佳绩？

如果小 D 继续说出以下这些心里话，你还会坚定地录用他吗？

"这种客户还是好的，但大部分客户态度是不好的。遇到咄咄逼人的客户，我虽然能够想办法处理好问题，但这种体验在不断消耗我的积极性和能量。在我做这份工作的半年后，与客户打交道产生的负能量在我身上已经积攒到了一定程度。

每次拨通一个新号码，我都需要鼓起勇气，拨不通时，我心里反而会有点庆幸。我发现其实我并不适合做这种工作，但看在收入还不错的份上，我还是得硬着头皮做下去。"

这样的小 D，动力源于外需求——收入，而不是内需求，如对销售工作的喜欢，或对成就感的追求。他在新的销售岗位上很容易出现业绩不稳定，或者做不了多久突然离职的情况。

看来，想看出应聘者更真实的一面，做更准确的判断，从经历、经验、能力到动力，难度指数依次上升。但再难也有方法，下一节，我们就来讲一讲怎么通过一系列的提问，来将候选人看入人里。

第五节
一个经典套路，将应聘者看入人里

为了评估应聘者是否能够胜任，一场面试中你会问许多不同的问题。你对以下问题感到熟悉吗，你认为它们当中哪些是高效的面试提问？

- 你有什么优点/缺点？
- 你平时有什么爱好？
- 你最大的成就是什么？
- 你的同事/上级如何评价你？
- 如果你和同事意见不合，你会怎么处理？
- 过去两年的工作中你印象最深刻的一件事是什么？
- 请举一个能体现你责任心的例子。

答案是，一个都不是。这些常问的，甚至通常被认为是好用的问题，其实各有各的不足之处（表4-8）。

表4-8 不够高效的常见提问

面试问题	不足之处
你有什么优点/缺点？	回答容易造假
你平时有什么爱好？	和岗位要求的能力关联小
你的同事/上级如何评价你？	回答的是观点，而不是行为，不能体现能力
如果你和同事意见不合，你会怎么处理？	观点不等于能力，会说不一定会做，将会怎么做不代表做过
过去两年的工作中你印象最深刻的一件事是什么？	回答的未必是岗位所需要考察的能力
请举一个体现你责任心的例子	已经接近一个好问题，但有引导性

既然这些常见的提问各有各的不足之处，那么相应地，高效的提问方式需要具备以下特点：

- 始终以岗位要求的能力为目标进行发问。
- 关注行为，而非观点。
- 以过去的行为为依据。

以上这些提问之所以常见，是因为他们并不是错的问题，只是不够高效。那你可能会问，为什么一定要问高效的问题呢？那是因为，面试面临两大挑战：时间紧、任务重。一个小时左右的面试，包含三到五项能力的考核、求职动机的评估，还要做吸引、回答好应聘者的疑问。如果花十五分钟在一个跟考查目标无关的点上兜兜转转，就相当于减少了验证真目标的十五分钟。

所以，提问高效的问题，是精准识人的基石。而高效提问，离不开一个经典"套路"（图 4-7）。

举个例子　+　STAR 模型

图 4-7　高效提问模型

先"举个例子"，从而聚焦到能展现能力的过去发生的关键事件；再应用"STAR 模型"，引导应聘者将事件的关键点完整呈现。

举个例子

基础版：请举一个能体现你 ×××（胜任力名称）的例子。

比如，"请你举一个能体现你有责任心的例子。"

这个在前文中使用过的问题，可以将中间的"责任心"替换成任何你想考察的胜任力名词，比如"请举一个能体现你沟通能力强的例子""请举一个能体现你解决问题能力强的例子"。是不是很简单？

这已经是一个有效的问题，对于初阶面试官来说已经能搞定通常的面试和候选人。不过既然说它是基础版，说明它虽然有效，但还称不上高效。

"责任心"这种词一出，就将你要评估什么能力素质托盘而出，应聘者会精心挑选一个能体现他责任心的例子，引导你去相信他是一个有责任心的人。此外，应聘者还可能给你举一个五年前发生的例子，但事件的时效性已过，对事件评估的有效度也会打折扣。

进阶版：定位胜任力所展现的关键场景 + 聚焦行为发问。

举例：（定位关键场景）"近一年（锁定近期）你在工作中都在哪些情况中和他人有过意见冲突？哪次沟通最费劲？（聚焦行为）在这次意见冲突当中你都做了什么？"

进阶版有三个优势：

第一，掌握主动权。"近一年你在工作中都在哪些情况中和他人有过意见冲突？"，通过收集应聘者能展现目标胜任力的各种场景，你能迅速判断应聘者过去调用这种胜任力的频率高不高、难度大不大。

第二，定位到能展现胜任力的关键事件。"哪次沟通最费劲？"，不是任由应聘者给你一个对识别目标胜任力不具代表性或者是他包装好的例子，他需要在前一个回答中做出选择，给你一个有代表性的关键事件。而关键事件，最能体现应聘者在该胜任力下真实且综合的水平。

第三，聚焦胜任力行为不跑偏。"这次意见冲突当中你都做了什么"，前面两个问题打下了好基础，最后落脚到你最关心的——应聘者具体做了什么，从行为中采集体现胜任力的关键点。

在使用进阶版时，要注意三个问题不是一次性和盘托出，而是按顺序。你问一个，让应聘者回答一个，再问下一个。这样做，一是避免问题太多，给应聘者造成过大压力。更重要的是，你需要通过应聘者对每个问题的回答，做出一定的判断，来决定下一个问题做什么微调。

比如，通过第一个问题，应聘者已经给了你几个冲突场景，你发现其中有一个场景和你要招聘的岗位中的挑战场景非常类似，就可以直接聚焦到这个场景去，将后面的问题调整为："刚才您提到的第二个冲突场景，能具体讲一下你是怎么做的吗？"

不管是使用基础版还是进阶版，你都期待应聘者能够按照你的期待侃侃而谈，把你想要的都回答完整了。但绝大部分的情况是，应聘者要不就是讲得很有限，要不就是讲很多但都不是你关注的。所以，举个例子后，需要配合上 STAR 模型，将你关注的影响胜任力水平的要点都深挖出来。

STAR 模型

STAR 模型以岗位要求的能力为出发点，以收集过往发生的事件为情景，以在事件中应聘者采取的行为为关注点，以行为所体现的能力水平为评估目标。

S（Situation，背景）：事件或任务发生的背景、起因、环境。

T（Task，事件任务）：什么事件或任务。

A（Action，行动）：采取了什么行动。

R（Result，结果）：事件或任务的结果如何。

这个模型看上去并不复杂，相信你能很快地运用它问出以下问题，完成基础版提问。

【基础版】

背景：

这件事件 / 任务发生在什么时候？事件 / 任务的起因 / 背景是什么？

事件 / 任务：

这是一件什么样的事件 / 任务？

行动：

在此次事件/任务中你都采取了哪些行动？

结果：

事件/任务最终的结果如何？

这套基础版提问方式可以应对基层岗位和经验较浅的应聘者，但如果想要更深入、更有把握地评估应聘者，特别是对在能力上有综合要求的岗位和工作经验丰富的应聘者，就需要进阶版提问。

进入进阶版的具体提问方式前，我们先对STAR模型的精髓做一个重要的拆解，即分析STAR的内在逻辑。

面试中的每一个提问，都是为了"能不能""愿不愿""合不合"这三大目标服务的。作为三大目标里的重中之重，"能不能"，是对胜任力的评估，简单来说，就是由一个又一个的"举个例子+STAR模型"组合而成，而其中的STAR模型，又是支撑起能力评估的骨架。作为如此重要的骨架，只有理解它为什么要这样设计，才能用到它的精髓。笔者经过多年的面试实战经验，将STAR的内在逻辑总结如下（图4-8）。

图4-8 STAR模型的内在逻辑

第一步，先用"背景"定位，来确定这是一件真实的、在过去发生的、时效性合理的事件，并为下一步的定性工作做好铺垫。

第二步，用"事件/任务"定性，来确定三个点：第一，这是不是一件能反映目标胜任力的事件，如果不是，立刻请应聘者改成更符合的事件；第二，如第一点满足，这件事的复杂度或挑战是什么程度。第三，在整个事件或任务中，应聘者起到的角色是怎样的，他所承担的角色任务的复杂度和挑战性如何。

第三步，用"行动"定夺，以目标胜任力为基准，来收集应聘者在他所负责的事件或任务角色中采取的行为，看哪些是满足胜任力要求的行为，哪些不是，以此来判断应聘者在该项目上的胜任力水平。此步衔接了第二步"定性"中的第二点，即关于复杂度及挑战的评估，可以看出应聘者行为是高挑战下的平庸行为，还是平庸事件下的高效行为，抑或是普通事件下的普通行为。同时，此步也衔接了"定性"中的第三点关于应聘者角色和任务复杂度的评估，最终落脚到应聘者本身做得怎么样。

第四步，用"结果"定损，通过分别对整体事件和应聘者角色任务这两个结果的完成情况进行评估，反观第三步的行动和第二步的角色和复杂度，来决定事件的结果对评估应聘者该项胜任力是加分还是减分。

理解 STAR 模型的内在逻辑后，就能做到带着目的提问，让提问方式更加灵活并且更加充分（表 4-9），提出进阶版问题。

【进阶版】

表 4-9　带着目的进阶版提问

STAR 模型内在逻辑	目的	问题
定位	确保事件的真实性、时效性，并收集背景信息为后续提问做铺垫	1. 这件事件/任务发生在什么时候？ 2. 事件/任务的起因/背景是什么？

续表

STAR 模型 内在逻辑	目的	问题
定性	识别事件是否符合胜任力展现场景，确定事件挑战程度，确定应聘者在事件中的角色及其角色任务的挑战程度	1. 这是一件什么样的任务？ 2. 任务的现状是什么，目标是什么？ 3. 还有哪些人参与？ 如有多人参与： 4. 你的角色/任务是什么？ 5. 用什么指标来衡量你的任务完成度？
定夺	收集应聘者采取的目标胜任力所需的关键行为，结合任务挑战度评估胜任力水平	1. 为完成你的角色/任务，你具体做了哪些工作？ 2. 过程中你遇到了什么挑战，是怎么应对的？
定损	通过结果的完成度，结合上一步的评估，对该项胜任力打分，做加分、减分或维持	1. 你的任务最终完成的结果如何？ 2. 和目标相比差距在哪里？ 3. 你认为原因是什么？ 4. 如果有机会，你打算如何改进？

理解了本节的"举个例子+STAR模型"后，不论面试基层还是中高阶岗位的应聘者，你都掌握了以不变应万变的套路。而在形形色色的应聘者中，因为背景不同，又会给你带来新的挑战，接下来的两节，我们将详细说说如何应对被普遍认为不好面的两种应聘者："小白"和"老司机"。

第六节
面试一张白纸的应届生，怎么问出内容来

应届生，顾名思义是一群没有什么工作经历，刚从校门踏入职场的年轻人。他们年轻有朝气，充满无限可能，但同时，他们又因为还没有经过职场的历练，对企业来说充满不确定性。

作为管理者的你，面试他们对你来说既简单又复杂。从简洁的履历来说，面试看上去并不复杂，但从他们的特点来说，又非常地不好把握。他们可能能说会道，但只能给你讲一些生活化的小例子，让你举棋不定；他们可能有过短暂实习经验，做了些很简单的小任务，让你不确定这跟未来工作上的能力有什么联系；他们可能没说出什么有说服力的、来到异地工作的原因，让你担心他们会不会突然就决定回老家去……为了团队稳定性，你降低了对人选的能力要求，录用了一些不上不下的候选人，但不久老员工就向你抱怨带他们太费劲。而更长远的影响在后面，两三年后你会发现从他们中难以选拔出优秀的种子，团队梯队青黄不接。

可以说，别看应届生经验能力浅，短时间内通常也不会成为你团队的中坚力量，但在招聘时能否选对他们，对你团队的健康运行和发展有着重要影响。

所以，把如同一张白纸的应届生面出丰富的内容，来帮助自己做出正确的录用决定就特别的重要。我将从面试应届生最常见的两大类挑战入手，来详细说明如何面试更有效。

第一类：稳定性评估

异地求职者

应聘者老家在外地，来异地找工作，通常会给你以下理由：喜欢这座城市；在这里上大学因而对这个城市有感情；和朋友一起相约来这个城市；男朋友在这里找到工作了，等等。

这些理由看上去合理，但说服力有限，很容易发生变化。比如，我所在的城市是青岛，每次问到从异地来这里求职的大学生为什么来青岛，80%的理由是他们喜欢青岛的大海，但离职时，他们的理由又会变成决定回老家考公务员、父母希望他们回去，等等。大海还是那个大海，离职时也不是因为不喜欢这片大海了，只是有更关键的因素在影响着他们的决定。

影响异地求职者稳定性的关键因素包括：

- 生存成本。
- 父母意见。
- 城市归属。

生存成本：异地求职者首先要考虑是否能够在这个城市有基本的生存保障。相较于本地人，他们在吃穿住用行上都需要额外开支，而不同年轻人的"基本"的标准不同。现在年轻人的生活水平已经明显提高，很多人不只要求"生存"，更期待生活得体面。那么，应聘者的标准在哪里，你又能为他提供怎样的薪酬待遇呢？

面试提问库：

- 上大学时你每个月的生活费是多少？你是怎么分配的呢？
- 你对这个城市的物价水平有什么了解？你有没有算过一笔账，看看在这里生活的话你每个月需要多少费用？

- 未来一到两年你对你的生活质量有什么期待和规划？
- 假如薪酬在××左右，你打算如何分配？
- 你对未来两到三年的薪酬涨幅有怎样的期待，原因是什么？
- 你是打算自己租房子住还是有固定住所？

父母意见："95后""00后"的新生代，父母多为"70后"。这一代的年轻人在成长过程中，和更为包容、开放的"70后"父母有了更多的交流，尤其是在升学、工作等重要决定上，更多的年轻人愿意倾听父母的意见。在异地工作的问题上，大多数应届生都会选择和父母商量，也尊重父母合理的想法。所以，表面上你在探寻对面这个应聘者的想法，实际上他背后有父母的观点在施加着影响。

面试提问库：

- 来这座城市求职，你的父母怎么看？给过你什么建议？你们有过怎样的探讨？
- 短时间内你的父母对于你在哪所城市工作没有异议且比较尊重你的想法，那么从长期看他们是怎样考虑的呢？你怎么看待他们的想法？
- 听上去你的父母不太支持你离家乡太远，你有什么打算？
- 未来什么情况下你会尊重父母的意见而选择回老家去？

城市归属：应届生在异地工作，头一年最为不易。哪怕生存无忧、父母支持，也要解决人生地不熟的归属感缺乏问题。归属感既要来自公司内，也要来自外部，内外部相辅相成，互相补缺。因而，你需要了解到，他在外部已经拥有的归属感水平如何，以及公司内能给他提供多少情绪价值，从而判断这个城市对他的吸引力有多大和多持久。

面试提问库：

- 你在这座城市有什么亲人或朋友吗？你们平时联系多吗？

- 面对接下来人生地不熟的情况，你有怎样的感受呢？为了尽快融入新环境，你有什么打算吗？以前有过类似的体验吗？
- 你提到你的男/女朋友在这里已经找到了工作，他/她的工作怎么样？
- 你和你男/女朋友对于未来定居在哪个城市有过什么规划吗？

经历丰富者

有些应届生应聘者在大学期间的经历特别丰富，洋洋洒洒的两三页简历，细数每个寒暑假在不同公司的实习经历以及在校社团或学生会的经历。这样的应聘者对于踏入社会的积极性和准备程度是显而易见的，但这么丰富、多样化的履历也意味着他们对于这份正式工作的求职意向存在着不确定性。面对这种类型的应届生，需要搞清楚什么是他喜欢的，什么是他不喜欢的，以及擅长什么，不太擅长什么。

面试提问库：

- 大学期间你参与的活动/实习经历很丰富，哪些是被安排的，哪些是你主动选择的？
- 在所有你参与过的活动/实习经历中，你的投入度最高的是哪几份？原因是什么？
- 相较而言，哪些你更喜欢做，哪些不太喜欢？为什么？
- 哪些你做起来比较容易上手，哪些比较费劲？
- 如果有机会，你希望哪份经历或职责能在接下来的工作中得到延续？
- 如果重来一次大学生涯，你会如何规划？做哪些实习/参加哪些活动？原因是什么？

第二类：能力评估

没有任何工作和社团活动经历的应届生

对于这种类型的应聘者建议慎用。首先，从占比上来说，大多数的应届生都或多或少参与过社团、实习工作，在少数的毫无经历的应聘者中挑选胜任者，成功的概率就比较小。其次，也是更为重要的，社团活动也好，实习工作也好，任何工作说到底都是应聘者的一种主动选择，这份选择中包含着一个人对自己经历社会历练的期待、对大学时间的规划、对不同机会的取舍，这些都是一个大学生在主动向成为一个职场人靠拢的行为。对于应届生来说，毫无经历相当于在大学四年中他们主动放弃了为未来走入社会做准备。

当然，以上是指大多数情况，而不能将所有没有实习或社团经历的应届生都挡在门外。如果应聘者简历内容有限，如何慧眼识珠呢？

第一，专业岗位看成绩。

实习、社团等经历锻炼的是一个人的可迁移能力，比如沟通能力、计划与组织能力、解决问题的能力。对于没有经验的应聘者，这些能力没有锻炼到，面试中无法断定他们是否具备这些能力或者潜力。所以，可以把目标转移到专业能力。

如果你要招聘的岗位是专业能力优先的，比如程序员、会计，可以从对口专业的应聘者的学业成绩和投入度来看，虽然他没有任何工作经历，但可以评估他是否把时间花在了学业的精深上，又是否取得了投入后的效果。

第二，基础岗位看态度。

如果你要招聘的是一个非常基层、要求不高、工作重复性多、发展有限的岗位，那么可以降低能力要求门槛，多看应聘者的态度。要看的态度有三：是否积极友好，是否能主动沟通，是否执行力过关。也就是说，虽然能力暂时有欠缺，但可以通过好的态度、接下来工作中的沉淀，为未来能力提升、胜任更有挑战的工作做好准备。

只有简单的社团和实习经历的应届生

在完全没有工作经历和工作经历特别丰富之间，有一群为数不少的仅有少量简单经历的应届生。你问两个问题，就能看出他所谓的经理助理的实习工作只完成了跑跑腿、帮忙打印这样的轻松任务。或者他的学生会干事经历，只是做个表格、检查一下卫生。这样的应聘者不在少数，那么又该怎么面试、怎么判断呢？

这里就需要先植入一个认知：没有简单的工作，只有简单的看法和做法。

至少在 2020 年前，我面试过一个应届生，她当时的表现让我至今印象深刻。她只有一份流水线工人的实习经历，职责就是一直站在工位上，随着传送带把不符合要求的零件挑出来。按照惯常的看法，这就像把大象放进冰箱的三个步骤一样简单，看见不合适的零件、拿出来、放在指定的位置。但这个女孩跟我分享了她是如何最快、最准确地识别出不合格零件、怎么做校准，又如何与其他的工友进行分享的全过程。过程中，我没有追问多少问题，都是她自己娓娓道来，不光细节、行为丰富，她也很投入地讲述了整个过程，不带有丝毫对这份简单工作的轻视，反而能看出她对这份工作的尊重。

所以，你可以通过应聘者对所做工作的评价判断出他的看法，比如"这个工作很简单，没有什么技术含量""工作这么简单，就做就好了，也没有什么可说的"。

你还可以通过他在履行职责中采取的行动看他是否展现了能力。就拿打印来说，说一做一的打印，和用心、用方法的打印是完全不一样的。在同样的指令下，有的人的目标是把文件印完，有的人却会把页码排好、找出文件中可能的问题、通过阅读文件增进理解。二者对工作的态度、展现的能力一目了然。

因此，作为面试官，自己不要先对这些工作产生"很简单、没有什么可做的"的主观看法。原因在于，当应聘者也表现出同样的看法和做法时，就和你的看法不谋而合，你会觉得他的做法是值得理解的，也就发现不了问题，进而可能做出不够客观、准确的评估。

第七节
面试经历丰富的老司机，一小时不够用怎么办

如同一张白纸的应届生因为经历太少不好面试，而履历丰富的"职场老司机"，对各段经历都信手拈来，又让你面临了新挑战。

挑战一，工作经历多且时间跨度长。在动辄十几年的履历下，有的应聘者几年一跳，在五六家公司工作过，其中有基本在一个行业和职能下深耕的，也有接连跨行业、跨职能摸爬滚打的。还有的应聘者基本没换过公司，但在一个公司十几年下来也经历过各种不同职能的工作，哪怕在一个职能下，每年做的事情也不一样，光罗列的项目就能占简历的一页纸。单看简历就知道这是个有故事的人，但在这么丰富的信息下如何抓住重点，着实让人摸不着头脑。

挑战二，面试经验多且有备而来。这类应聘者一个自我介绍能做15分钟，随便拎出一条工作线或者事例就能侃侃而谈半个小时。你听得津津有味，却不知这很可能是老司机提前就准备好了，故意说给你听的。而不想让你听的，则会被其完美略过。假如你洞察有力，发现了这不是你想要的，但是面试时间有限，你又需要在时间和有效信息的收集面前纠结、取舍。

为了解决上述挑战，需要明确这种类型面试的八字关键目标：整体把握、准确切入。既不能像盲人摸象一样以偏概全，要知之全貌，又不能跟着候选人的掌控走，要主动把握节奏。

要实现这八字目标，关键的方法在于：先见林，再见树。先了解整片树林的占地面积、树木分布、树木种类、生长历史，再挑选某棵树做具体

研究。在面试中，先见林，见的是逻辑主线，是对应聘者的整体认知；再见树，见的是能够展现胜任力行为的关键事件，而且是由你主动选择、精准切入。

先见林——拉通逻辑主线

逻辑主线由三条支线构成：时间线、动机线、职责线，三者缺一不可。

第一条：时间线

从时间的顺序、长度上，串联应聘者从大学毕业至今的履历，核实简历信息，排查空白期。

为了掌握面试的主动权，一上来不要问"请你做个自我介绍"这种常规问题，可以以"请你按照时间顺序，罗列一下从毕业至今的各段工作经历起止时间"取而代之。

问题发出后，你可能会遇见两个挑战。一是应聘者没有按照你的期待快速罗列自己的经历，而是进入了侃侃而谈模式，使用了有备而来的自我介绍。这时你可以及时打断他，"不好意思打断一下，这里不需过多展开，先让我了解一下你的工作脉络就可以。"

另一个挑战是，应聘者回答得不完整或者含糊其词，你没有拿到完整的时间线。为了规避这种问题，最好在发出上文的提问后，马上拿出面试记录表，做出应聘者一边讲，你一边记录的行动，这样他就明白你需要记录他讲的关键信息，他会更认真地回顾过往并罗列讲给你听。

你一边听一边记录，很快就能发现哪段经历的时间和简历不符，哪两段经历间出现了空档期。每发现一处疑问，就可以打断候选人请他澄清，直到手中的整体时间线清晰、连续、可信。

第二条：动机线

从离职动机和求职动机上了解应聘者过往工作的心路历程，探寻本次求职的动机。

不要挨个去问他每一份工作的离职原因和下一家的加入原因，可以以更高效的"过去经历了这么多工作，每次让你离开的原因有什么共同点，又有什么变化？同样的，吸引你加入这些公司的因素又有什么共同点和变化呢？"来取而代之。

这个问题一发出，应聘者基本都会陷入思考，而思考既能规避候选人提前准备、包装好的回答，又能看出他真正的看法以及总结能力。他回答的逻辑必须是自洽的，而非割裂的一个个的离职原因，而且经过这样的提炼，你能初步判断他当下的求职动机。

第三条：职责线

通过了解应聘者履行过的职责、任务和项目，梳理其职责变迁、经验构成与能力展现的重心区域。

同样地，不必询问每份工作的职责和业绩表现，只需要把"变化"的理念植入不同场景。具体的提问例子如下：

- "过去的多份工作中，你的职责发生了怎样的变化？"
- "如果把你过去这些年解决过的工作问题分成几个大类，你认为包括哪几类？其中最难的是哪些？"
- "在一个职能上持续工作了 8 年，前公司对你的绩效指标有过什么样的不同要求？"
- "哪几次你超越了绩效指标要求，哪几次绩效指标完成得不尽如人意？"

- "哪些年的工作压力超过寻常？分别经历了什么情况？"

这些问题彼此都有相关性，挑出两到三个发问，很快就能打开了解应聘者职责履行和表现的大门，让你在短时间内对他做过什么、哪里做得好、哪里有欠缺、应对过什么挑战这些关键信息得到整体把握。

经过了"先见林"的三条线梳理，你已经掌握了主动权。如何检验你做到了呢？答案是，如果你能在脑海里用讲故事的方式把这个应聘者的工作情况表述清楚，就证明你可以进入下一步"再见树"了。

再见树——主动切入关键事件

为什么要切入关键事件？因为关键事件最能展现应聘者的能力。而主动切入，是在"先见林"的基础上找到了突破口，水到渠成地进行深挖。

比如，你要考察的是抗压能力，在得到应聘者关于"先见林"中"哪些年的工作压力超过寻常？分别是什么情况？"的回答后，选取其中跟你所招聘岗位的压力场景最为相似的那段经历，单刀直入地使用 STAR 模型进行追问"请你就这段经历具体讲讲，当时的任务目标是什么？差距在哪里？你做了什么？后来结果如何？"

再比如，要考察的是解决问题的能力，使用"先见林"中"如果把你过去这些年解决过的工作问题分成几个大类，你认为是哪几类？其中最难的是哪些？"，在应聘者回答的"最难的"问题类别中，同样挑选和目标岗位场景最为相似，或者最能展现解决问题能力关键行为的某一个类别，直接使用"STAR 模型"发问"在这一类的难题中，近两年中最占用你时间去解决的一次是什么情况，当时的问题是什么？"

如此应用，你可以嵌套进各种不同能力的考察中，比如学习能力、适应能力、协作能力、团队建设能力，等等。

以适应能力为例，在"先见林、再见树"后，你将能自信地讲出应聘者类似下文的职业故事：该应聘者有 10 年制造业供应链管理经验，每三年左右都会因发展空间有限而离开上家公司，并在每次跳槽后都得到了职位上的晋升和职责的扩展。据此，我需要考虑现有职位和职业发展对其的吸引力，并进一步评估他的企业忠诚度。在适应能力上，他虽然在 10 年中都在制造业，但先后就职的公司在企业性质、产品、文化上都有不同，在就职每一家公司时都需要适应、学习和调整，尤其最后一家，挑战最大。通过对这个事件的追问，应聘者能够展现构成适应能力的关键行为，如根据工作的需要而改变人际和专业上的行为方式，乐于接受新的工作流程和技术并能保证工作效果，所以我评估其具备我们所需要的适应能力。同时，他在融入上家企业的过程中展现了良好的学习能力，能够使用有效的学习方法，主动吸收新的知识、技能，并较快地将所学应用到实际的工作中去，促进了工作目标的达成。

你看，对于在职场驰骋多年的应聘者，你不光可以用有效的方法高效收集信息、更精准地评估，还能一石二鸟，用一个事件问出多个能力展现情况。现在，快去实践一下吧！

第八节
入职不久就离职，稳定性难测的人如何面试

为了填补关键岗位的空缺，你求贤若渴，之前录用了好几位候选人，都因为没有达到岗位要求而无奈劝退，最近终于迎来了一位能力不错的新人。当你还在满怀信心地计划着对他委以重任时，他却提出了离职，说这个工作和自己想象得不一样，挥一挥衣袖，不带走一片云彩，只留下凌乱且无奈的你。

回想面试过程，你可能会发现，你花了大量时间面的是应聘者能否胜任岗位的"能不能"，而对于关乎着他能否长期留任的"愿不愿"和"合不合"，却只是凭感觉笼统地了解、判断了一下。在你的认知里，"能做"比"愿做"和"适合"重要得多。

事实上，人才的工作表现固然跟能力水平直接相关，但冰山下的"愿意"和"适合"却在深深影响着人才的工作满意度和投入度，左右着他是否愿意继续留任的决策。

还记得本章第三小节的面试聚焦点模型吗？本节我们就来谈谈"愿不愿"和"合不合"背后的动机与个性、价值观是如何影响候选人入职后的稳定性的，以及在面试中可以使用哪些简单、有效的方法去评估（可参考图4-6）。

求职动机——愿不愿

求职动机可以划分为外需求（外显动机）和内需求（内在动机），前者代表应聘者的期待，为求职刚需，后者代表应聘者的喜好，为求职的稳定

因素。

外显动机包括常见的对薪酬福利、晋升发展机会、企业前景、公司地点等方面的期待；内在动机包括对不同岗位、不同任务的喜好程度，是自驱力的基础。

当某个刚需被满足，新的刚需很快会出现，故而外显动机不稳定。喜欢某种工作类型，会激发内驱力，让人想提升自我，让能力和喜欢形成正循环，也就是越喜欢做得越好，做得越好越喜欢，故而内在动机比较稳定。而喜欢就像是上层需求，看中刚需的人才也往往会逐渐过渡到更看重"我喜欢做"。

此刻，请回忆一下面试中你是不是常问这样一个问题："你为什么应聘我们公司/这个岗位？"大部分应聘者会这样答：

- "贵公司发展迅速、前景良好，跟随企业的发展能帮助我更快地提升自我。"
- "贵公司福利待遇完善，流程规范，我希望能进入像贵公司这样更加正规的企业。"
- "我在上家公司的职业发展遇到瓶颈，贵公司更加完善的职业发展通道很吸引我。"

过去听到这些回答，你可能会一边对照着公司现状一边在内心点头，觉得应聘者的求职动机挑不出问题。现在你知道了，这些回答都是不稳定的外显动机。外显动机需要收集，它对于应聘者的短期稳定性有作用，但同时也要更重视作用更持久的内在动机的探寻。

"喜欢"通常不会凭空发生，而形成于过往经历的体验。所以，探寻"喜欢"需要从应聘者的过往工作经历中进行挖掘。

- "在你过往的工作职责中，哪些你更愿意多花时间、经历做，哪些不太愿意？原因分别是什么？"
- "在过往的工作经历中，做哪些任务会让你自我满足感较强，哪些任务刚好相反？各自的原因是什么？"
- "在带领这个项目的过程中，如果可以选择的话，哪些部分你愿意亲自做，哪些部分你更愿意交给其他人做？原因是什么？"
- "在执行这项工作的过程中，你当时有什么感受？"

根据应聘者的背景，选用以上一到两个问题来提问，结合你的岗位能够提供的，你将能得到这样一个应聘者喜好四象限图（图4-9）。

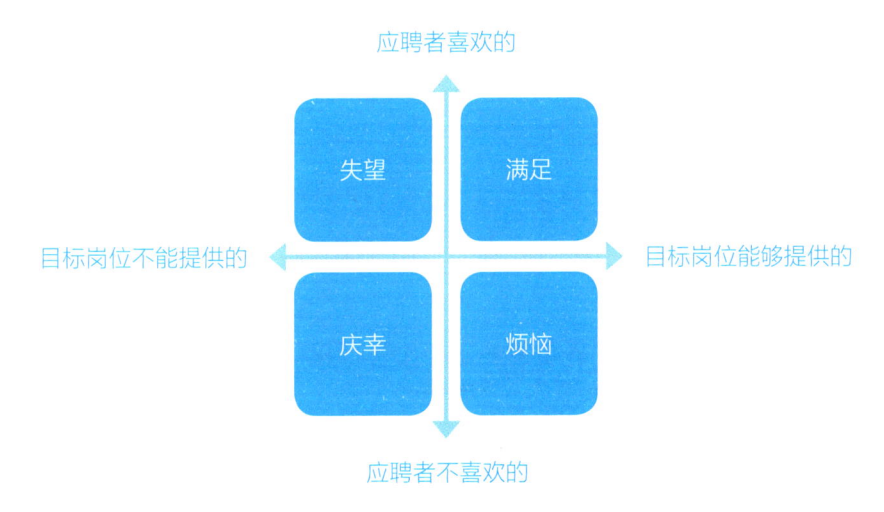

图 4-9　应聘者喜好四象限

显而易见，你最希望应聘者落在"满足"和"庆幸"象限，即应聘者喜欢的工作内容，恰好是你能提供给他的，他不喜欢做的也不需要他做，这样便实现了双赢；最不愿落在的是"烦恼"象限，即应聘者天天做着自己不喜欢的工作，哪怕有能力做，也很难坚持；应聘者喜欢的工作，却不能够提供给他。这时，你需要能满足他的刚需，也就是外显动机里的期待，不然，他要不就在工作中感到不开心，要不就很容易被其他机会吸引走。

个性、价值观匹配——合不合

针对某个岗位或某项工作，一个人有能力做且愿意做，则代表他适合做。这是单纯从做事的角度的归纳，但大部分工作是由人与人的配合完成的，不管是上下级之间、同事之间，还是跨部门的协作。不同人有不同的行为方式、不同组织有不同价值观的追求，这就带来了新人和他的关键合作人以及企业、团队价值观的融合匹配问题。

举例来说，一位外招的项目经理，在带项目的能力和意愿上都不成问题，但新公司要求他在任何大小节点上都要层层汇报，多方达成一致后才能行动，这对于结果导向的他来说就会感到非常痛苦。再如一位新任经理，他对新变化倾向于深思熟虑规划后再行动，但他的上级倡导敏捷，要求他快速决定、快速行动，这位新任经理此时的纠结、内耗也会不小。如果新人预计到这种矛盾会长期存在，那么他们可能表面上看起来在正常推进工作，但其实内心已经动摇。

所以，那些"这份工作和我想象得不太一样"的辞职理由，往往不是指的工作本身，而是和人的风格、文化的差异相关。你要看应聘者在这上面的匹配度，需要先知己、再知彼。

先知己，知的是这三点：

第一，岗位涉及的关键协作人的多元化程度。协作人多元化程度越高，对应聘者的个性多元化要求越高。也就是说，一个经常需要跨部门打交道的岗位人选，需要主动适应不同部门同事的工作风格。如果他的个性比较多元化，他的适应性就会很强，相反，如果他个性单一，就有可能只能跟特定类型的人打好交道。

第二，作为直线领导的你的工作风格。你需要决定应聘者是需要跟你互补，还是符合你的风格。比如，你自己雷厉风行，你希望对方敏捷地跟上你的节奏，还是沉稳、谨慎一些。

第三，企业或者团队的关键价值观。这是组织内一群人的共识，也是落实在日常各项工作中的实践。比如，"拥抱变化"是你团队的关键基因，你需要对变革持开放态度的人才。

根据实际情况，你提炼了以上"知己"内容，现在就可以通过提问来"知彼"。个性、价值观的倾向性是从认知反映到行动上的，所以同样的，探寻它们也需要从应聘者的过往关键事件中提取。

- "在推进这个项目的过程中，你跟哪些人比较容易沟通，跟哪些人沟通费劲些？原因是什么？你是怎么做的？"
- "过去你经历过的几任上级都是什么风格？哪任和你配合得最好，哪任磨合最多？当时是什么情况？"
- "在你经历团队业务拆分的变革过程中，你充当了什么角色？做了什么？当时你有什么感受？"

这样询问你就收集了应聘者在个性、价值观倾向性上的关键信息。结合前面小节的内容，你将能够对应聘者在能不能、愿不愿、合不合三方面做出完整画像，对他的判断也会更加全面且准确。同时能够满足有能力、有意愿、合得来的"三有"应聘者就是你的最佳人选（图4-10）。

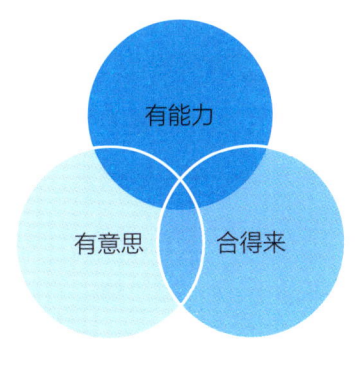

图4-10 "三有"人选

第九节
什么样的人更该选，什么样的人再好也不能要

建立了清晰的岗位标准、掌握了科学的面试方法，是不是就能做出正确的判断并甄选出正确的候选人了呢？你可能也迟疑了。一方面，岗位要求只局限于岗位本身提炼出的要求，而候选人作为个体，他本身是多元的、复杂的，他在面试中会呈现超出你已经设定好的岗位要求的多维信息；另一方面，当你面对多个候选人时，这种相互比较从中做出选择的复杂度和多元性又会增强。所以，除了对候选人在能力、动力和融合方面的判断，你还需要一些关键的判断依据来帮助你更自信、更高效地做出录用决策。

别错过的候选人

第一，同类工作看能力。

候选人 A：过往从事同类工作时间长、经验更丰富，但能力一般。

候选人 B：过往从事同类工作时间不长、经验储备一般，但能力较强。

通常的理解是，过往同类工作经验越丰富，越容易在新的、类似的岗位上上手。如果只有"经验"这一个决定因素，那可以这样推断。但是当有了"能力"这个调整因素，决策的天平就需要向其倾斜。

这是因为不管目标岗位和候选人过往的工作职责多么相似，都很难完全覆盖新岗位带来的变化因素，比如环境、资源、流程、挑战。候选人是否能符合融合了变化因素的岗位要求，靠的不仅是过往相似经验的复制粘

贴，更多的是可迁移的行为模式，也就是能力。

所以，即便候选人 B 在经验上相较于候选人 A 有所欠缺，但依靠已经内化了的沟通能力、解决问题的能力，可以更多元地处理新岗位上的挑战，同时在这个过程中快速地积累正确的经验。

第二，转换工作看潜力。

有很多候选人是跨行业或跨职能来应聘新岗位的，或者哪怕是同类岗位，也很可能出现原有岗位和目标岗位职责有很多不同的情况。虽然这并不妨碍你通过寻找关键事件来评估能力，但当两位能力相当的候选人站在你面前时，谁在未来能更好地胜任新工作呢？这个时候，就需要比较两者的潜力水平。

什么是潜力？它是指一个人从现有的职位转换到另一个具有不同责任、挑战的职位时，能具有成长性以应对更大挑战的能力。潜力所要应用到工作场景的关键词是"新"。"新"既表示不同，也表示更有挑战。当人才还没有到这个"新"岗位上，你就没法真正观察他的胜任水平。这时，就需要看他是否具备"潜在的能力"，来帮助你预测他的准备程度和未来上任后的胜任度。

基于此，我认为最关键的潜力包括三点。

首先是成就导向。这一点更偏向动机因素，而动机决定着一个人对事物的投入度。候选人是否追求成就感？是否视挑战为成功的机遇？是否主动地发现改进机会，并主导实施？

其次是学习敏锐度。新职责、新挑战，意味着要快速掌握新领域的知识结构、建立关键认知。候选人在过往工作中是否具备从经验中萃取精髓的能力？候选人是否能触类旁通、举一反三？候选人是否对新趋势、新领域保持好奇心，并善于掌握其中的关键点？

最后是适应力。候选人是否在面对挑战时能主动地适应环境、调整自我，以克服挑战并将其转为目标？是否能与压力环境共处，在高压下持续展现稳定甚至激发出超出水平的表现？

在成就导向、学习敏锐度、适应力方面都展现出潜力的候选人，哪怕在现有经验和能力上尚有不足，也能在新挑战中比潜力相对低的人更快地成长起来。

别选错的候选人

人才甄选中，你怕错过合适的候选人，更怕错选了不该选的人。

第一，选了价值观不匹配的人。

你一贯信任下属，有一天偶然去追溯一个下属经常上报的数据源，却发现很多数据都是他编造的。你觉得不可思议，但下属却并没有意识到问题有多严重。即便你继续留任他，也总是隐隐担心以后他出的数据是否真实可靠。这就是价值观的不匹配问题。

价值观可以在候选人入职之后进行塑造吗？答案是，价值观可以增强，但难以塑造。作为冰山模型的底层要素，价值观是一种深藏于内心的准绳，是面临选择时的行为依据。在成人之前，价值观已经形成，随着社会阅历的不断增加，价值观得到巩固，所以它呈现稳定性和持久性。

你只能去寻找原本就认同公司核心价值观的人，比如正直、诚信、双赢，然后通过创造文化氛围来增强这些价值观。

而一个本身就不认为诚信有多重要的人，他不去做违规的事情，更多是因为评估了当下环境的风险度，而不是出于本能。当风险度变低时，你对他的行为是难以掌控的。

第二，选了忠诚度低的人。

你是否见过"打一枪换一个地方"的候选人？他们的履历看似光鲜，

一两年一跳，经历的都是行业内不错的公司，职位、薪水也水涨船高。

但当你问到离职原因，每次都离不开"职业发展遇到瓶颈"，一有更好的橄榄枝伸向他，他就毫不犹豫地选择离开。当你请他评价他的老板、谈及他的同事时，他或者对他们评价不高，或者三言两语地用"他们非常专业、团队氛围很好"等形式化的语言带过。

一场面试下来，你只看到他做了哪些工作，却看不出他和原有企业的联结。这样的人选，通常对企业的忠诚度不高，对诸多老东家都不太忠诚，对新下家的忠诚度也难有大幅度的提升。

薪水、待遇、职位、发展等利己因素是他们的主要动力，他们是被动的忠诚者。当这些因素发生改变，或有更好的机会时，他们很容易动摇。

忠诚度不够的人才会影响对工作卓越的追求和投入度，稳定性也堪忧。所以当面对这样的候选人时，需要多问一些他做过的利他、利于企业的关键事件，谨慎做出录用决策。

第三，选了界限过于分明的人。

当你问到"之前的工作中有什么地方让你不满意"的时候，有的候选人会说，他不喜欢工作职责上有灰色地带。

乍一听，这种情况看似合理，谁都希望职责分明，团队管理者也有责任建立清晰的分工。但当你回想日常管理工作时又能自然想到，整块的工作职责可以做到分明，但在一些时间较紧张的时候，或者是新任务的委派上，很难做到完全清晰。同事之间或部门之间有一小部分的工作交叉也是常见情况。

作为领导，你更需要的是在紧急情况下能够主动承担责任的下属，而不是告诉你"这不是我的职责，你应该找别人做"的下属。界限过于分明的下属，不光不利于团队内部的合作，也会影响到跨部门的合作关系。

所以，在面试中遇到有界限相关观点的候选人，不要一味地站在他的角度帮助他合理化，而是去追问更多的细节。没有行为细节的观点是不能作为判断依据的。通过追问什么是他所谓的"灰色地带"，为什么这对他来说难以忍受，之前发生过什么具体的事件，判断他的界限情况，以及是该为他合理化，还是不予接受。

选对人不容易，选对人的决策又如此重要。作为用人经理，掌握更好的方法、工具，能帮助你更好地评估候选人，而为了提高选人决策的准确率，还有几个关键手段将在本章最后这一小节展开。

第十节 这样做，让看好的人选义无反顾地加入你

一直遇不到合适的候选人固然让你着急，但最郁闷的还是好不容易面到了想要的人才，费了九牛二虎之力走到了最后的环节，对方却拒绝了你的邀请。不管他给的理由是"接受了更适合的机会"，还是薪酬职位没谈拢，都说明这其中有期待差距。

还记得候选人在决定是否加入一家公司时最先考虑的五个方面吗（图1-3）？他们从一接触这家公司开始，就在不断地评估他的期待是否能够得到满足。在这个过程中，公司在网络上呈现的信息、人力资源部传递的内容、候选人实地来到公司了解到的环境和人际体验，已经初步奠定了他对这个工作机会的打分情况，而让他做出加入与否的最关键因素，还是源于未来的上级，也就是你。

假如你遇到心仪的女孩想展开追求，如何才能俘获她的芳心呢？只需要做到三点：第一，让她感到你对她充满好奇心，想知道她的一切；第二，了解她的所想所需，对她有求必应，甚至满足她没有说出口的期待；第三，向她展示自己值得被选择。

同样地，在吸引人才时，作为最关键角色的你想要抓住人才的心，只需要做到这三句话：

（1）我对你感兴趣。

（2）我对你很重视。

（3）你选我很值得。

我对你感兴趣

第一，认真了解候选人背景。

念对候选人的姓名，并在面试中适时地称呼他的名字。你的管理工作繁忙、会议连着会议，到了面试现场，当着候选人的面磕磕绊绊地把他的名字念出来，还念了个错的，你感到尴尬，候选人也立刻对你好感尽失。想要了解一个人更多的经历，先要认识他，知道他是谁。虽然看上去一个姓名实在没那么关键，但对候选人来说，感受到尊重是从你第一个问好开始的。提前熟悉候选人的姓名，遇到生僻字快速查一下，保证在问好时，坚定有力地说出对方的名字，甚至可以跟对方开个玩笑，说候选人让你多学习了一个生字，你是在见面前特意查询的。这样，不光一下子拉近和候选人的距离，他也会感受到你的重视。

不管哪个人，都有得到别人认同、被人尊敬的欲望，心理学将这一情况称为"承认需求"。当你直呼候选人名字时，他的这种被承认的需求可以得到一定程度的满足。在面试的场域下，多数候选人会觉得处于相对弱势、被动的位置，而你适时地多以候选人的名字为开头来展开提问或对话，能让候选人产生平等感和获得感。"谢谢你详细的描述，×××（候选人姓名），我还有一个相关的问题想向你了解……"

提前仔细阅读候选人简历，用已知问未知。常说人力资源部面试官只用几十秒就能筛出一份简历合不合适，但可不要误解这种说法的用意。人力资源部筛选大批量简历时，为的是更快速地按照关键要点把不合适的简历淘汰出去，而当你面试时，是为了在符合简历要求的人选中择优，因此需要好好地阅读简历。这样做既能让面试提问更有针对性，也能建立你和候选人之间的连接。

通过简历中可以轻易获取的信息，结合你对候选人的了解提问，候选人的感受会很不一样。你可以试着感受一下：

"请对你的工作履历做一个整体的介绍。"

"我从简历上了解到你在上一家公司工作了近 10 年，期间横跨过采购、生产等多个职能，你可以就这 10 年职业经历做一个整体回顾吗？"

如果你是候选人，哪种提问让你感受更好呢？

第二，耐心倾听候选人讲话。

虽然你是面试官，是整场面试中带节奏的人，但真正的主角应该是候选人。有时，候选人没有答在点上，你想打断他；有时，你认为候选人的观点与你的不符，你想纠正他；有时候选人的回答只有只言片语，你想让他补充。这些状况虽然常见，但是却要把握其中的度，避免一场面试变成你滔滔不绝而候选人旁听的对话。否则，不光难以通过候选人的回答收集到充分且有效的信息，还会让对方觉得你关注的不是他，而是自己。

你需要通过候选人的表达对他进行评估，同时候选人需要通过你积极的倾听来确认自己的存在感。多以"你"为开头，以"然后呢""还有呢"追问，以问句结尾。当候选人没有表述清楚时，以"不好意思，刚才这段能再描述得清楚一些吗？"来请他用你更期待的方式重述。多与对方进行眼神交流，伴随他的回答适时地用"嗯""了解"和点头示意来让对方感受到你一直在跟着他的话语。当候选人被真正听见，他会用更加真诚的态度来回应你。

我对你很重视

第一，迅速回应候选人已有的需求。

优秀的人选相较于普通人选更加了解自己的求职需求，也会在招聘流程中更全面地去了解、澄清自己的问题，以帮助自己做出更好的求职决策。

当他有疑问时，不管是向人力资源部的面试官还是向你提出的，尽快地给他回应，这样既能够及时打消他的疑虑，也能表达对他的重视。

这时，一方面可以针对过往面试候选人的经验，将他们的常见问题进行总结，在候选人有此疑问时当面给出解答；另一方面，当候选人提出了新问题，也要认真地思考，及时给他反馈，哪怕是一些在你看来并不重要的问题。

当人力资源部向你推荐候选人时，询问人力资源部候选人曾提出了什么问题，人力资源部面试官是怎样回答的。随后，在你的面试中，可以主动把话题接起来。比如，"我了解到之前你在和人力资源部的同事沟通时，对于这个岗位的绩效是如何被评估的有疑问，我愿意详细为你解答一下，你能先说说你是如何关注到这个问题的吗？"

有时，在面试中候选人提出了新问题，你可能需要一些时间确认好再回答。这时，感谢候选人的提问，跟他约定面试后多长时间你会通过什么方式回复他，然后真正地做到，让候选人从小事上就感受到你是一位靠谱的上级。

第二，站在候选人的角度提供个性化的支持。

当你招聘的是每年都会新增人才的岗位，并且公司的各项流程、福利都比较完善时，你可能会为已经给候选人设立了一套标准化的招聘流程和融合方案而自豪。搭建起来标准化的通用流程固然非常重要，而更能够打动候选人的，是在标准化的基础上的个性化支持。也就是说，要针对的不只是作为整个候选人群体的"他们"，还有作为一个个体的"他"。

有的候选人跨行业、跨职能而来，对于能否尽快熟悉新领域、上手新工作有顾虑，你可以在他入职前给他提供一些学习资源，并将培训计划发给他，邀请他参与，一起探讨如何让计划与他的情况更加匹配。

有的候选人第一次切换企业性质，比如从外企来到民企，他可能不确定自己是否能适应企业文化。这时你可以在他入职前安排他和团队的同事见面，邀请他参与团建活动，让他提前感受到团队对他的欢迎。

你选我很值得

第一，让候选人了解加入能带来的收获。想让候选人真切地感受到这份工作值得加入，需要你对公司和这个岗位能够给他带来的好处了然于心。

一方面，候选人的五个关心点是个不错的出发点，从这个工作适合他的地方、对他职业发展的机会、更有竞争力的薪酬等方面去打动他。

另一方面，你的个人体验的分享会更有说服力。用讲故事的方式说说你加入这个公司后收获了什么，比如契合的价值观、高层领导的远见、丰富的学习资源与机会，这些能让候选人在认同公司的同时也更多地了解你。

第二，平衡收获与挑战。做到第一点，你已经给候选人传递了一系列积极的信息，帮助他建立加入的信心。不过，一味地表明好处是不够的，本着对候选人负责，也从降低录用决策失误的风险角度出发，还需要同时跟候选人讲清楚他在新工作中可能会面临的挑战。

比如，更频繁的出差、切换行业后的适应期、绩效考核目标的高要求等。在描述可能遇到的挑战的同时，赋予你对他的建议和你能够提供的支持，让候选人对收获满意、对挑战有预期、对胜任有信心。

价值笔记
The People-Centered Leader

遵循核心原则，让选人这件事从大方向上就保持正确

- 成功的选人 = 合适的标准 × 主动的、有针对性的吸引 × 科学的甄选方法
- 选合适的而非最好的：既要规避不切实际的"最好"，又要警惕寻求安全感的"小一号"倾向，然后在两者之间定位到"适合"的人选。
- 重视主动吸引的力量：根据应聘者的五大求职关注点，主动做出吸引动作，增加人才选择你的倾向，也为人才加入后和你高效配合工作打下最初的基础。
- 使用科学的甄选方式：选用更加有效的识人手段，将传统面试法转变为行为面试法，从而更精准地预测应聘者未来的工作表现。

建立人才画像，为招聘决策提供有力支持

- 使用"3W1H法"创建人才画像，通过梳理岗位的"为什么""做什么""和谁合作"上的关键信息得出岗位职责，再通过明确"如何做成"得出人才画像。
- 通过"冰山模型"解构人才画像：按照冰山模型的六个元素——分析岗位要求的知识、技能、能力、个性、价值观和动机。
- 同一时期内招聘同一岗位，要用同一把人才画像的"尺子"来衡量每位应聘者。

掌握科学的面试方法，提高选人效率和准确度

- 无论是初级岗位还是高级岗位，你只需要关注候选人三个方面：能不能、愿不愿、合不合。三者交会，就是适合的候选人。
- 分清应聘者所回答的，是经历还是经验，是经验还是能力，是能力还是动力，只有区分清楚才能做出正确的评估。
- 精准识人的基石在于高效提问，熟练运用"举个例子+STAR 模型"的提问框架，深入了解应聘者的实际能力水平。

CHAPTER 5

第五章

留住人

第一节
如何让入职不久的新人顺利度过摇摆期

作为管理者，你是否经常遇到这样的情况：好不容易招来了新人，有的还不过三天就离职了；有的经过了一段时间的培训和磨合，工作表现也开始稳定起来，你以为新人已经逐渐融入了团队，没成想不到三个月他又义无反顾地要离开。他们并没有明确的原因，也没有提前向你透露自己的离职打算，这让你感到非常困惑和无奈。你不禁问自己：这些新人为什么会这样？是对工作不满意？是公司的福利待遇不够吸引人？还是他们对自己的职业规划不够明确？

员工离职通常不会跟直线领导透露真实原因，而是使用诸如"要回老家""决定考研""找到了新的工作"等无伤大雅的理由。不过，当他们面对人力资源部的访谈或者填写离职调研时，真实的感受往往会浮现出来。具体可能有如下反馈：

- "这几天过得太压抑。我来了三天，除了前台同事跟我打了个招呼，竟然没什么人跟我讲过话。那些老同事倒是很熟络，彼此交流得很融洽，唯独形单影只的我不知该如何融入。"
- "我不知道招我来是做什么的，来了两周，每天都被安排一些临时任务，哪里需要去哪里。"
- "这与我在应聘时的期待完全不一样，我希望工作生活平衡，下班后好回家照顾孩子，可是来了以后没有一天能准点下班的，还被安排出差。"

- "这个工作比我想象的要求高多了。作为跨行业跳过来的新人,我没办法这么快就有产出。"

根据这些林林总总的真实感受,不难发现它们所反映的问题:

- 对新人的关怀和归属感建设没跟上。
- 缺乏清晰的职责设定,或者没有沟通到位。
- 入职前的预期建设与入职后的真实情况落差大。
- 管理者的跟进与辅导没到位。

新人通常需要90天的时间来证明自己在新岗位上的能力,同时稳固自己长期留任这份工作的决心。

他们在新岗位上越感受到被欢迎、越认为自己准备充分,就能越快地为实现岗位价值发挥自己的能力,并且越坚定地认同新工作与自己的匹配性。

对于初来乍到的新人来说,如上的这些问题犹如在原本就彷徨不定的心态上再泼冷水。那么,作为团队领导,如何用系统的方式搭建好新人的入职体验,让他们顺利度过摇摆期呢?

美国人力资源管理协会(Society of Human Resource Management)的入职管理研究模型回答了这个问题。你可以通过甄选、自我效能、职责清晰度、社交融入度、企业文化知晓度五个方面来促进新人的成功入职与留任(图5-1)。

甄选 + 自我效能 + 职责清晰度 + 社交融入度 + 企业文化知晓度 = 成功入职与留任

图5-1 入职管理研究模型

- 甄选——在招聘与甄选环节中进行一系列沟通、宣贯,以达到管理候选人的期望值。

- 自我效能——企业提供一定正式且完善的入职培训，或者提供较为详细的培训计划以帮助新员工拥有顺利前进的信心。
- 职责清晰度——指新员工对其岗位职责和要求的理解程度。
- 社交融入度——指新员工需要在企业这个社交环境中感受到被认可和被接受，企业需要形成相应的流程和制度以确保在社交融入度上给予其一定的关注度和支持。
- 企业文化知晓度——员工的行为准则不仅包括企业的价值观、愿景，也涵盖了企业内部大大小小的规则和制度。

对团队管理者的你来说，这五个方面如何能更有效地落地呢？

甄选

把握选拔权

有时候，你因为工作繁忙或者要招聘的岗位比较基础，所以选择不参加面试，将选拔权交给人力资源部，或者指定团队中某位资历比较深的同事代替你参与面试。这看似节省了时间，但却很容易留下问题。原因有三：

（1）作为团队领导，只有你对要招聘的岗位从职责和要求上有最清楚、最全面的理解。

（2）只有你具备最有效的人才评估和任用决策能力。

（3）在面试中，你能起到人力资源部或其他团队同事起不到的作用。比如：建立和未来新人的初始信任，以及下文会提到的关于工作内容与挑战的澄清。

所以，把握你的选拔权是保证有效选拔、新人稳定的关键的第一步。

详尽介绍工作内容

对于新人来说，新的工作内容跟其过往经历存在三种差距：

（1）曾经做过类似工作。

（2）跨行跨职能应聘新岗位。

（3）从未有过相关的工作经历。

无论是哪一种，差距大或差距小，不同的公司，都不会存在完全相同的工作。所以，首先需要提醒自己避免想当然地认为差距不大，因而误认为无须解释太多新工作的内容。其次，在介绍工作内容时，既需详尽，又需站在新人的角度采用对方更能理解的方式表述，如：

- 举例子。
- 做演示。
- 邀请参观。
- 请对方复述自己的理解。

明确工作挑战

你可能担心在招聘时就把挑战摆在台面上会吓退候选人。但事实是，会被吓退的候选人，不管是在面试中还是在入职后，都会选择离开。而后者是对双方的更大损耗。其实，一个成熟的候选人会理解新工作存在挑战和风险这一情况，影响他稳定性的因素不在于能否应对，而在于是否提前了解并给了他机会做权衡，是否做好了心理上和行动上的准备。

因此，关于挑战，你可以考虑从以下几个方面向候选人进行解释：

（1）工作的复杂度。

（2）上手时间的紧迫性。

（3）加班、出差的要求。

（4）工作压力的来源。

（5）工作指标的要求。

（6）团队所倡导的价值观特点。

（7）团队成员的特点（尤其对于甄选管理岗人才）。

自我效能

让新人产生自我效能感，其实就是让他有"我能行"的感受。而这种"我能行"的自信，来自在新岗位做成事的实际经历。一个新人能做成事，除了他的主观努力，更需要客观条件的支持。推荐你提供的支持包括：

（1）制订清晰、循序渐进的培训与学习计划。

（2）指定耐心且有经验的师傅带领新人度过整个学习周期。

（3）在培训节点为新人安排合适的小任务，让他在学中做、做中学。

（4）安排新人与你的周期性学习、工作进展汇报。

（5）创造机会请新人在团队中展示他过往的经验、新岗位上推进的任务，提升他在团队中的威信。

职责清晰度

如果在招聘阶段，你已经为他详述了新岗位的工作内容，就已经做了很好的铺垫。在新人入职后，这项动作要再次启动，确保新人有更完整的认识，并及时了解他的问题。要做到职责清晰传递，其实是在解答三个问题：

（1）干什么——岗位职责。

（2）如何能干成——岗位要求。

（3）现阶段干什么——工作安排。

前两点不必多说，使用已制定的岗位说明书向新人解释就好，这也是大部分情况下管理者会做到的。

问题在于，新人的不安感往往源于第三点的缺失。为了避免对新人的工作安排呈现出走一步看一步的状态，提前考虑好新人在入职第一年内不同时间段的工作职责安排，是非常重要的。比如，头两个月是学习培训阶段，三到六个月进入某项目进行支持，后半年全面接手项目管理。这样，下属会对自己的工作重心和安排有预期，既有安全感，又可以有针对性地做准备，同时还能感受到他的岗位价值在哪里。

社交融入度

新人加入新公司，获得新岗位，不光是为了谋求一份适合自己的工作和报酬，更是为了寻求和一群价值观契合的人融洽、和谐地共事。从归属感的需求来说，新人刚加入一个团队的最早期时光是最需要归属感的。我受不受欢迎？有没有人与我交谈？我是否能交到朋友？我是不是合群？有问题我该找谁帮忙？这些都是新人会在意的问题。为了帮助他们建立归属感，需要在一开始就做好两手准备。

第一手准备：配备伙伴

新人除了有领导关注他是否胜任，有师傅关注他成长，还需要一个重要角色——伙伴（buddy）。伙伴的作用是在非直接工作领域为新人提供及时的支持，并创造新人与团队内或其他部门的同事建立更多的非正式交往机会，帮助新人快速地融入新环境。

可以说，伙伴是新人在公司的第一个朋友，所以在选择伙伴时，要挑选适合这个角色的同事来担任：
- 老员工，对公司的规章制度、福利政策、部门内外的同事都比较熟悉。
- 善于沟通，同理心强，有助人心态。
- 认同公司文化和团队目标，富有正能量。
- 个人绩效中等以上。

第二手准备：号召团队支持

有了伙伴的关怀，新人还需要感受到他所在团队的温暖。团队成员平时埋头做自己的工作，可能不会主动关注新人的加入，所以需要你的号召，激发大家的配合。

- 新人加入前，可以提前向团队介绍新人的背景信息。
- 告知大家新人的入职时间，提醒大家有机会就主动与新人打招呼。
- 请大家留意新人的需求，如发现他需要帮助，尽力提供支持。

企业文化知晓度

每个企业或团队都有自己独特的文化，有些是明文呈现的，有些是大家经过多年的默契建立的心照不宣的价值观。对于新人来说，越早了解团队支持哪些行为、不鼓励哪些行为，越能尽早地展现团队倡导的价值观。你可以通过和新人的一对一谈话，或者在他的日常工作中捕捉机会分享这些文化。比如，你可以跟新人这样说：

- "公司对质量的要求很高，所以出手的工作一定要反复确认，确保准确。"
- "团队鼓励创新。作为新人，欢迎带着新的视角识别团队中可以改进、创新的机会点。"
- "团队以目标为导向，不拘泥于过程中使用方法的多样性。"
- "团队合作非常重要，所以及时提供支持、分享经验心得都是团队鼓励的行为。"

第二节
未雨绸缪，让下属的离职念头消失在萌芽期

最深入的上下级关系是你知道下属有没有离职的想法，什么原因会让他决定离开、何时会离开。而现实中，面对下属的离职申请，你往往会觉得意外，有时候你压根没想到他会走，有时候你观察到了蛛丝马迹，但没想到他真的这么快做了决定。

除了突发状况，比如健康、家庭等一些特殊因素，一个成熟的职场人从起心动念到真正下定决心离开，总会经历一段酝酿期，短则几个月，长则两三年。

每当我给即将离职的同事做离职面谈时，谈及离职原因，我总会先问这样一个问题："你从什么时候开始产生了想要离开的想法？"，用来识别他是激情离职还是酝酿已久的决定。95%的情况是，听到这个问题，对方都会停顿一下，想一想，然后告诉我其实已经考虑很久了，很多都是将源头一下子拉回到了半年前。其中有一些员工是当时就打定了主意，一到某个时间点就正式提出申请，另一些是后来发生了某个催化剂事件，最终做了决定。

无论是哪一种，都代表对大多数员工来说，离职不是一件冲动而为的事。那么对于管理者来说，时间就是机会。在下属的酝酿期，如果善加干预，他很有可能不会走，或者即便会走，你也能更早知道，提前做好准备。但如果等到下属正式提出就已经失去先机且非常被动了。

所以，最好的保留，不是在下属产生了离职想法或决定离职时再去干

预，而是未雨绸缪，在他离职念头的萌芽期，甚至还没有产生想法时，就用保留的态度和方法提升下属的稳定性。

想要未雨绸缪，需要抓住两个关键时机：下属刚入职的谈话时和与下属进行例行留任面谈时。

时机一：入职谈话——给初来乍到的新下属注入"我在意你"的信息

虽然在招聘时，你已经在面试中了解过对方，但当他加入团队后，仍有必要尽早通过一对一面谈的方式加深对下属的了解。这时，你们不再是互相评估的"你"和"我"的关系，而是变成了要长久在一起共事的"我们"。在面谈中，通过一些提问，达到既了解新下属的目的，又让对方感受到你从他入职起就重视他的长期留任，并为此付出精力与时间与他沟通。

面谈可以由三个部分组成。

第一，开场，表达欢迎与重视。

"小李，非常高兴你能够加入咱们的团队。为了你能够尽快融入新环境、新工作，我已经帮你制订了详细的培训计划。接下来，我会陆续地约时间跟你沟通计划，进行培训。在此之前，我还是想花一些时间再多了解你一些，这会帮助我更好地支持你在新工作中找到最好的状态。虽然在面试时我们也谈了不少，但当时时间还是有限，并且当时你一定也有些压力，所以今天我们来次轻松的对话，也欢迎你向我提问。"

第二，主体，询问对方情况。

（1）了解选择动机。

- "接到我们的offer（录取通知）后，你都做了哪些考虑，最终决定接受呢？"
- "整个求职过程中，最打动你的是什么，让你最终决定加入我们？"
- "据我了解，除了咱们的 offer，你手上还有另外两个公司挺不错的 offer。你后来是怎么权衡的，最终选择了咱们公司呢？"
- "拒绝另两家公司时，你们是怎么沟通的呢，他们也挽留你了吧？"

（2）了解家庭支持度。

- "做这个决定时，你和家里人是怎么商量的呢？"
- "你的家人对你的决定是什么态度呢？他们有评价过你的这个选择吗？"

（3）了解偏好与期待。

- "你对这份工作有什么期待？什么对你来说特别重要？"
- "对于适应新环境、上手新工作，你自己有什么计划和目标吗？"
- "如果可以由你来选择的话，这个岗位上你最想从哪部分开始做？哪部分希望靠后一些安排？"
- "你希望我如何支持你的工作？"
- "有什么地方是你希望我提前了解，帮助我们更好地配合的吗？"

（4）了解顾虑。

- "从面试过程到现在，你发现了什么让你有顾虑的地方吗？"
- "截至目前，你有什么对新的工作或环境困惑的地方吗？"

第三，结尾，表达感谢和期待。

"谢谢你的坦诚交流，通过今天的沟通，我对你更加了解了，也一如既往地对你有信心，相信你能在新工作中有更多的成长和收获。希望接下来我们能延续这个好的开始，期待你的优秀表现。有任何我可以支持的地方，欢迎随时来找我沟通。"

时机二：留任面谈——让下属知道"我对你的在意"是持续的

留任面谈（Stay Interview），相较于有滞后性的离职面谈，是一种在下属在职期间，通过例行面谈了解下属工作状态、获知下属留任驱动点、预测离职倾向的沟通方式。它是一种具有前瞻性的干预手段，帮助你在力所能及的范围内将下属的离职风险降到最低。

留任面谈面向你的所有直接下属，每年固定一到两次，通过一对一面谈的方式，按照一定的结构和下属进行交谈。

一场完整、有效的留任面谈可以分成四个部分。

第一，开场部分，表达认可，澄清谈话目的。

"小李，过去这个阶段你辛苦了，你手上的三个项目推进得很高效，相信这高效的背后你一定付出了很多我不知道的努力，克服了很多的挑战。今天，我想抛开工作推进本身，了解一下你在这段时间的体验和心声，帮助我知道可以在哪些方面支持你。"

第二，主体部分，通过结构化提问，了解下属的留任意向。

你可以将以下4个类别、12个问题完整地借鉴在你和下属的面谈中，也可以视情况灵活调整为更适用于你们的场景。

（1）了解整体体验。

"如果请你按1—10分给过去半年中你的综合体验打个分，1分最低，10分最高，你会打几分呢？"

（2）识别留任驱动因素。

1）"刚才你打了×分，是哪些因素让你打出这个分数的？"
2）"在其中，或者是你能想到的其他某些点，什么是让你愿意留在这里工作的因素？你能按照对你来说的重要程度按顺序排出前三点吗？"
3）"他们之所以对你重要，原因是什么呢？"

（3）识别激励留任的可能措施。

1）"整体体验中，失分是失在了什么地方呢？"
2）"在目前工作中，你遇到了哪些挑战和压力？我们可以考虑哪些解决措施？"
3）"关于能力提升方面你有什么想法或期待吗？你最近对什么领域感兴趣吗？是否有我可以支持的地方？"
4）"你对未来的职业发展有怎样的期待？有什么困惑或问题？为了达成你的目标，你做了哪些行动，希望我给到什么支持？"
5）"你和同事、客户相处得如何？有需要帮助的地方吗？"

6)"这段时间家庭给你的支持充足吗？是否有来自生活上的挑战和压力？"

（4）识别引发离职倾向的可能因素。

1)"你曾经考虑过离开公司吗？是什么让你产生了这个想法？你现在如何看待这个想法呢？"

2)"发生什么样的事情，你可能会选择离开？"

第三，结尾部分，对后续行动达成一致，表达感谢。

"小李，根据刚才你谈到的在发展上的期待，下周我会跟你约时间，谈一谈如果要发展到下一级岗位，有哪些具体的要求，看看你的提升机会在哪里。我也可以帮助你做一个发展计划，支持你向目标靠近。

"今天非常感谢你能够坦诚地与我沟通这么多，这些信息对我非常重要，也希望你能够感受到，你对我还有团队都很重要。接下来有任何困惑或需要支持的地方，欢迎随时找我。"

第四，谈话后记录关键谈话信息，预测下属留任意向度。

作为每半年一次或每年一次的例行谈话，并且你与每位直接下属都会进行这个谈话，及时的记录谈话关键信息对你来说非常重要。这让你能够不时地回顾下属情况，清楚对不同的下属需要采取的保留措施是什么。同时，当你与下属再次进行留任面谈时，能够带着之前详细了解过的信息和下属谈话，这会让下属真切地感受到你重视他，而不是需要下属把说过一次的事情再复述一遍。

此外，留任面谈最重要的目的就是评估、预测下属的留任意向。谈话后，根据最新鲜的记忆，立刻对其做出预测，这将能帮助你在多名下属间排列保留举措的优先度，及时、有针对性地采取措施。记录与评估可以分为以下几个方面：

（1）该下属最看重的三点留任驱动因素。

（2）可能影响下属离职倾向的一到三点因素。

（3）下属目前的工作满意度水平（高、中、低）。

（4）对下属继续留任时长的预测。

（5）与下属达成一致的行动方案。

（6）你考虑到的针对该下属的其他补充保留方案。

（7）下一次和下属跟进行动方案的时间。

第三节
核心下属突然提离职，怎么挽留他

挽留核心下属的底层逻辑

夜深人静，你正打算休息，得力下属突然给你发来一条消息。你心想这么晚了能有什么事，一看消息立马觉得不妙："领导，明天一早到公司后，我想占用你点时间，跟你说件事。"你马上警觉地问："什么事啊？"他却不想直说："明早说吧，还是当面说比较好，今晚你先睡个好觉。"你心里"咯噔"一下，这个好觉是睡不了了。挨到天明，见到下属，果然他一上来就说："不好意思领导，我决定离职了。"

核心下属突然请辞，是每个管理者都不愿面对的情景。听到这个消息，因一时无措或留才心切，你可能会有以下三种本能反应：

（1）缺乏章法的挽留：刨根问底地挖掘下属的离职原因，想尽各种办法试图满足他的需求。

（2）默认结局：认为下属是很成熟的职场人了，既然提出来，一定是做好了开弓没有回头箭的准备，挽留也没用，不如顺水推舟，好聚好散。

（3）负气行事：你想起平日对他不薄，关系也可用非常信任来形容，他过去却没有给你透露任何打算离开的信号，你觉得脸上无光，甚至有些生气，于是不打算积极挽留他。

可是，这些本能反应只会加大你流失人才的风险，甚至做不到好聚好散。冷静下来，你还是会认识到：

- 一个核心下属的工作效能可以顶至少三个普通下属。
- 核心下属是你梯队建设的重要部分，甚至是你的接班人，突然缺失这一环，你需要花大量精力、时间将梯队重新打通。
- 核心下属往往在团队中是有关键影响力的人，你对他的离职所采取的态度、行为，其他团队成员也看在眼里，不当的处理会影响团队的士气，甚至让团队成员感到失望。

所以，核心下属的请辞，是关系到你、下属本人、团队三方的重要事件，应对时建议坚守三个原则。

原则一，立即干预。

立刻表明你的重视态度，尽快并尽量采用面谈的方式向下属了解他请辞的详细情况，是最为关键的一步。有时候，你可能因为正有重要任务在身，于是向下属传递了你现在无法及时关注他的信号，"我这几天都在客户这边出差，等我下周三回去咱们再说"。下属也许表示理解你，但心里只会更加坚定要离开的决心。

原则二，保密。

在确认离职这件事板上钉钉之前，都应该将下属要离开的信息缩小在最必要的范围内。有时你出于焦虑、惋惜或者无措的心情，很快就将这个信息扩大了范围，透露给了别的同事，比如你比较信任的下属、和你关系不错的其他部门的同事。然而，知道的人越多，下属就越没有回头路，原本能留下，也因为事已至此，只能离开了。

原则三，识别请辞类型。

注意这里强调的是请辞类型，而不是离职原因。这是因为，离职原因不外乎薪酬、发展、平衡、压力、家庭，或下属没有言说的其他因素。过于或只关注辞职原因，会容易陷入为了原因而想办法满足期待的保留做法，但这种做法常常是有限的，比如薪酬不能仅考虑下属的期待就在短时间内给予高涨幅。同时，这种做法往往留得了一时，留不了长久，也就是只留人，未留心。

面对核心下属的请辞，管理者的站位不是站在下属的对立面上谈条件，而是和下属站在一起，帮助下属为职业生涯的重要抉择时刻做一个正确的决定。

剖析核心下属的请辞行为

核心下属的请辞包括以下三种不同的类型。

一时冲动型

这种类型的判断信号，是突然裸辞。

下属原本并没有离开的想法，但突然有诱发事件刺激了他，引发了他的激情请辞。这种诱发事件通常是因为突然碰壁或发生冲突。

能动摇核心下属留任心态的人往往是身边的权威人士，通常与作为直属上级的你或者公司内对他有影响力的其他关键人士相关，比如高层领导、关键合作伙伴等。

而在这其中能真正诱发其做出离职决定的，大多数还是和直属领导的配合问题。如果下属不久前刚和你起了冲突，或是他自觉被伤了自尊，就很有可能因突发的负面情绪做出离职决定，特别是裸辞。

如果确实如此，你可以通过以下三种方法化解下属怨气，使他回心转意。

第一种，冷处理。

如果下属平时比较冷静成熟，只是这回在冲突事件中有些过激反应，当他提出辞职时，可以先稳住他的情绪，不急于劝留，也不就事论事地摆事实讲道理，而是请他暂时搁置辞职决定，给他时间回去再消化消化情绪。

当他的情绪逐渐平复，会有能力更客观地看待当时的冲突，也能更理性地评估辞职对他来说是否是一个正确的决定。

"这段时间你工作压力很大，也该放松放松了。去休一周假吧，回来后我们再谈这件事。"

第二种，推心置腹。

如果你判断下属并不能通过自我消化的方式理性决定，那就有必要和他就当时的冲突坦诚地谈一谈。这时你的真诚态度尤其重要，向他讲述你当时的想法、顾虑，为何有那样的决定或行为，以期待他的理解。当下属感受到你的尊重与坦诚，也会更愿意用坦诚回应你，说出自己的想法和感受。当委屈、不满被你看见并包容，误解或者抵触情绪也就烟消云散了。

第三种，给个台阶。

有时，也难免是由你的处理不当造成了对下属信心、自尊心的挫伤，或者各自都有不对的地方。这种情况下，一味地等待下属回心转意往往是不可能的。如果怀着惜才之心和自我反思的态度，诚恳地向下属道歉，征得他的谅解，并表示愿意在未来类似情况下调整自己的做法或态度，相信作为一个过往跟你并肩作战的核心下属，会感受到你的诚意。

纠结不定型

这种类型的判断信号，是下属提辞职时会用"其实……"的句式。

"考虑决定的过程中，其实我也很不舍。"
"其实我家人也不理解我的决定。"

"其实我也有一些担心。"

之所以纠结，往往是因为他的离职动机源于以下情形。

得到好的机会：下属突然得到了一个好机会，让他原本平静、稳定的心泛起了涟漪。好机会有可能是猎头推荐的新工作，新工作或是有更高的薪酬，或是承诺给他一个更被器重的职位；好机会也有可能是朋友拉他一起创业做项目，美好愿景的描绘让他心动不已。但同时，他对目前的工作并没有什么特别不满意的地方，而这个新机会又充满了不确定性。

职业倦怠：下属已经在现有职责领域工作多年，虽然依靠他优秀的工作能力和责任感，其工作一直完成得很让人放心，但其实，他对这份工作的动力和意义感在逐渐降低，他甚至没有对离职后的职业未来有明确的期待，而是更关注于通过换一个环境来改变目前的状态。他自己也不确定换一个环境是否就能让他找回状态。

有纠结，其实就有对目前工作的期待和留恋。以下两种方法，可以帮助下属做一个更理性的决定。

第一，分析利弊。

当面对充满不确定性的工作机会，下属是非常需要有经验的人给予其靠谱建议的。作为他的上级，你既有更多的阅历帮助下属看清这个机会是否适合他，又有更多的资源、人脉获取有效信息来辨识机会的可靠程度。不管是通过前者还是后者，都可以通过你对这个机会和对下属的了解，来对比目前的工作和机会的优缺点，帮助下属分析做何种决定更有利于他。

第二，给个缓冲。

对于职业倦怠的下属，他对于离职的想法一定已经积累了很久。责任感和纠结感拉扯着他，让他一直保持紧绷，而陷入了一种非此即彼的选择状态。也就是要不就继续做下去，要不就离开。

但其实，继续做和离开之间有中间地带，也就是缓冲区。比如，安排休假、转岗、调整工作任务、委托对下属来说更有价值的工作。这些都是为了让下属看到并不是只有离开这一个选择，而是当他留在公司，他的选择可以更多。

心意已决型

这种类型的判断信号，是下属提辞职时会用"虽然……，但是……"的句式。

"虽然公司各方面都很好，但是我已经做了决定。"

"虽然领导您为我提供的机会很难得，我非常感激，但是我还是希望抓住这次改变的机会。"

这类下属轻易不提离开，但一旦提了，就是掷地有声、深思熟虑、没有回头路的决定。这时，你还是可以尽最后的努力尝试挽留。

第一，表达理解。

表达对下属决定的理解和尊重。通过坦诚的对话，了解他离开的真正原因和动机。倾听他的想法和期待，并展示你对这些问题的重视。

第二，诚意挽留。

展示出真诚的挽留意愿和决心。明确表达你希望他留下的意愿，并阐述你为什么认为他是团队中不可或缺的一员。强调他在团队中的重要角色和贡献，以及他在未来发展中的潜力。同时，提供具体的解决方案和改善措施，以解决他离开的原因或不满，展示出你愿意为他做出改变和创造更好工作环境的决心。

第三，邀请更有影响力的上级干预。

如果你感到自己的影响力不足以挽留下属，可以邀请更有影响力的上级或高层领导参与挽留工作。请他们与下属进行一对一面谈，重申下属对团队的重要性，并分享对他的高度评价。高层领导的介入可能会给予下属更多的信心和动力，使其重新考虑离职的决定。他们的话语权和影响力往往比你大，可以在某种程度上改变下属的决策。

第四节
得力下属裸辞只因累了，如何解读个中缘由

长假过后的返工日一早，你叫上得力下属小李来到会议室，打算和他商议一下节前敲定的项目接下来如何开工。可是你话音刚落，正等着听小李的想法，听到的却是："领导，不好意思，我打算辞职了。"

你心头一震，心想他应该是找到更好的下家了。而小李却解释道："其实我没有找新工作，就是觉得比较累，想休息一下调整调整。"

你一听这话，觉得他不至于辞职，而且裸辞对小李也不是最有利的选择。于是你提议给他安排休假。然而，小李却拒绝了，一是他不觉得能靠短期休假调整过来，二是他不想耽误团队工作的进展，一边休假一边挂念着工作，心里会很过意不去。

后来你又尝试用其他替代方案跟他谈过几次，但他都婉言谢绝了。就这样，和你并肩奋斗多年、在工作上被委以重任的小李还是离开了团队。

近几年，这种下属只是因为累了而选择裸辞的情况愈发多见。其实，职场上人人都在承受着不同程度的累。只是，有些累具有阶段性，比如要攻克一个大项目，加班加点拼了三个月，过了这个阶段，调整一段时间，员工就缓了回来。这种累，累人不累心。

还有一些累是持续的身体和内心的消耗，积少成多，或是体现在因为责任心而在工作中强打鸡血，但实则疲惫不堪、状态波动，或是累积到一定程度，无奈选择离开。这种累是身体也许也很累，但心累大于身累。它

超越了通常的疲劳或情绪低谷，而进入了职业倦怠。

对职业倦怠的剖析

职业倦怠的英文为 job burnout。burnout 一词形象地比喻了这种"燃烧殆尽"感。这一概念最早由美国心理学家弗洛伊登贝格尔（Herbert J. Freudenberger）于 1974 年提出，他将其定义为由于长期工作压力和无法满足工作期望而产生的身心疲惫感。

当时，他作为一名心理学家和志愿者医生在纽约一家戒毒中心工作。他亲眼看见了医护人员长期工作的艰辛和压力，以及他们身心逐渐疲惫的情况。于是，他开始思考这种现象背后的心理状态，并试图理解为何一些人会在充满使命感的工作中变得疲惫和消沉。

通过观察和研究，他发现职业倦怠是由一个人长期面临高度工作压力、无法满足工作期望以及对工作投入的情感能量逐渐耗竭而引起的。那些一开始热情洋溢、积极投入工作的人，最终会经历一种身心疲惫和无法再维持高效工作的状态。

对于因职业倦怠产生的离职，预防的作用远大于救火。想要预防，首先需要先定位目标群体，也就是什么样的下属最容易产生职业倦怠。

简单来说，越优秀的下属越容易产生职业倦怠。这类优秀的下属主要有以下特点。

第一，责任心强。

他们对工作充满使命感，追求卓越并且努力超越期望。他们在做好分内工作的同时，会主动承担额外的工作量或者分担你的工作。并且当这样做的时候，他们是从内心认为他们应该如此。

当你给他们增加工作，或者向他们寻求支持时，哪怕是富有挑战的事情，他们也总是说："好的，我想办法完成。"

然而，他们却很少向你要什么，也不会给你添麻烦，他们自己搞定难缠的客户、自己加班加点推进工作，自己想方设法取得合作伙伴的配合。他往往不会和你大倒苦水，也很少跟你邀功。

第二，个人能力强。

他们在工作中有着出色的表现。他们拥有丰富的知识和技能，并能够迅速掌握新的任务和挑战。他们的才华和能力使他们成为团队中的中流砥柱，同事们常常倾向于向他们寻求帮助和支持。

同时，他们往往自信而又低调。他们通常不会夸夸其谈，而是默默地努力工作，将精力集中在任务的完成上。当他们面临困难或挑战时，他们会主动采取行动并寻找解决方案，而不是抱怨或寻求他人的帮助。

他们更倾向于独立解决问题，很少向你寻求支持或倾诉困扰。他们喜欢自己承担责任并取得成果，不轻易向他人展示自己的困难或需要。即使面对高强度的工作压力，他们也会尽力保持高效和高质量的工作表现。

第三，完美主义。

他们对自己和他人都设立了很高的标准，追求一切都做到最好。他们渴望在工作中取得卓越的成就，并不断追求完美的工作表现。

他们注重细节、精益求精，经常反复思考和反省，以确保工作的每一个方面都达到最高标准。他们会不断提升自己的技能和知识，以保持在工作中的竞争优势。

然而，他们往往对自己要求过高，对工作结果过度挑剔。他们可能在工作中遇到困难或面临挑战时感到压力很大。在无法满足自己设定的完美标准时，他们可能会感到沮丧、失望甚至自责。这种持续的不满和压力逐渐积累，最终导致职业倦怠的产生。

第四，富有职业追求。

他们不是行走的工作机器，其努力工作的背后是对职业目标的追求，并且有意义感的驱使。他们对自己的职业发展充满渴望，对个人成就和专业发展有着明确的目标和愿景。他们积极寻求成长和提升的机会，会主动参加培训课程，获取新的技能和知识。

他们追求在工作中得到认可和回报，希望通过努力工作成为更好的自己。他们有的会在工作中寻求这些机会，有的开始从职场之外探寻自我实现。

他们看上去总是能干又勤勉，使你既欣赏又需要他们。在双方的共同作用下，他们不由自主地进入了以下情境，也正是这些情境使他们逐渐陷入职业倦怠状态。

第一，能者多劳。

有挑战的新任务、不好分配的工作都朝他们涌来。他们总是照单全收，让你误以为他们仍有余力，实际他们已经疲惫至极。

第二，完美期待。

由于他们的卓越表现和能力，你和团队往往期待他们在工作中做到完美。他们被赋予了更高的期望，被要求在各个方面都达到最高水平，期待他们在新的任务和挑战中再次超越自我，其他成员也希望从他们身上得到指导。

他们往往感受到来自自己的高要求和来自团队高期待的双重压力。 他们可能会过度努力，花费更多的时间和精力来完成任务，甚至牺牲个人时间和健康。

第三，固守职能。

对于这种能力出众的下属来说，他们往往因为在某一特定领域或职能上表现出色，而被固定在这个职能上多年。由于他们的专业知识和技能，他们成为团队中不可或缺的一员，管理者和团队对他们的依赖和需求也更大。

然而，这种情况可能会限制他们个人的发展和成长。他们可能因为固守在某个领域而错失了跨领域学习和发展的机会。虽然他们在原有职能上表现出色，但在其他领域的发展上却相对滞后。他们可能感到自己的能力和潜力没有得到充分发挥，产生了对现有工作的价值和意义的怀疑。

在以上提及的个人特点和工作情境的双重加持下，这类下属极易产生职业倦怠的表现，也就是玛勒诗（Maslach）和杰克逊（Jackson）在1981年提出的职业倦怠模型中的表现，包括三个维度：情感耗竭、个人成就感降低和对工作的冷漠感。

情感耗竭是指员工长期以来对工作所投入的情感、能量逐渐消耗殆尽，无法再提供积极的情感支持。

个人成就感降低是指员工对自己的职业发展和工作成果产生的满足感逐渐减少，丧失了工作的成就感和自豪感。

对工作的冷漠感则表现为员工对工作内容、组织目标和团队合作逐渐失去兴趣和关注，产生一种疏离感和无所谓的态度。

避免职业倦怠的科学方法

那么，为了预防这些优秀下属产生职业倦怠，或者在发现苗头时及时干预，就可以参考以下方法。

调整节奏，有缓有冲

对于优秀的下属，调整工作节奏是预防职业倦怠的重要策略之一。他们往往习惯于高强度的工作和追求卓越，但长期以来，过度的紧张和忙碌可能导致员工疲劳和失去工作的乐趣。因此，需要在工作中有意地安排有缓有冲的节奏。

有缓指的是给予他们适当的休息和调整时间，让他们有机会恢复体力和精神状态。这可以通过合理安排休假、灵活的工作时间安排以及提供工作与生活平衡的支持来实现。同时，你还可以鼓励他们培养兴趣爱好和进行身心放松的活动，以提升他们的工作效能和心理健康。

有冲则是为他们提供挑战和成长的机会。优秀的下属渴望在工作中不断成长和进步，因此应该为他们制定具有挑战性的目标和任务，激发他们的潜力和动力。同时，也要提供必要的支持和资源，帮助他们克服困难和障碍，在挑战中不断成长。

顺应特点，抓大放小

根据下属的优势和特点，灵活安排工作和设定期望。重点关注他们的大方向和擅长领域，充分肯定他们的优势和成绩，同时对于他们不太擅长或不喜欢的环节或细节降低期待。

了解他们的专业能力、兴趣爱好和个人特点，为他们安排更多与其擅长领域相关的工作，给予其更多的机会和挑战。同时，及时给予他们肯定和赞赏，让他们感受到自己的价值和成就，从而激发他们更好地发挥优势。

在他们不擅长或不感兴趣的领域，虽然要降低一定的期望和要求，但也并不意味着放任不管，而是在合理的范围内给予他们支持和帮助，但不要过分期待他们在这些方面达到与其擅长领域相同的水平。理解并尊重他们的个人偏好和能力范围，避免向他们施加过度压力，这样可以减少他们产生职业倦怠的可能性。

规划未来，助力实现

首先，可以与下属共同制定明确的目标和发展计划。了解他们的职业愿景和目标，帮助他们识别发展的方向和路径，并提供必要的资源和支持，以帮助他们实现自己的职业梦想。

其次，可以为他们提供培训和发展机会，帮助他们提升技能和知识。可以通过参加专业培训、培养领导能力、提供导师指导等方式，帮助他们不断学习和成长。

此外，我们还要关注他们的工作成果和表现，及时给予肯定和激励，让他们感受到自己的价值和重要性。同时，也要建立良好的反馈机制，及时沟通工作进展和发展需求，帮助他们在工作中持续进步。

通过规划未来和助力实现，让优秀的下属感受到个人的成长和进步，增强他们的工作动力和投入度，预防职业倦怠的产生，并为他们打造一个有发展机会和挑战的工作环境。

第五节
核心下属离职，如何稳定军心避免团队离职潮

不久前，一名核心下属从你的团队中离职了。你的团队一直都是高效的，大家各司其职，也能互相协作取得团队成功。但是，这个离职事件改变了一切，因为它留下了一个巨大的空洞。

你一直在思考如何重新组织工作流程，如何将原来分配给这位核心下属的工作重新分配给其他人，如何继续保持高效和协作。没想到的是，接下来的两天，你又接到了两位下属的离职申请，这让你感到既惊讶又沮丧。

你不明白为什么团队成员就像说好了一样，接二连三地离开团队，你曾经为他们提供了培训和发展机会，自认为给予了其足够的支持和激励，你也没收到不满意的反馈或意见。你既想知道为什么这些人选择离开，又担心情况会变得更糟，甚至开始怀疑自己的管理能力。

离职传染的发生条件

一个下属的离开引发了其他同事的相继离开，这种现象并不少见。这种"离职传染"，是员工之间情感传递的现象，一旦有员工离职，其他员工也会感受到一定的情感影响。这种情感影响可能是对组织的不信任、对管理层的不满、对工作的压力和不安等，从而引发了其他员工离职的连锁反应。而且，如果不对这种连锁反应加以干预，就会动摇更多人的留任意向，即使短时间内没有更多人离开，团队士气也会受到沉重的打击。

你可能会问，为什么有时某个同事的离职是个体事件，没有对团队产生传染影响，有时却会波及他人呢？这是因为离职传染常在以下三种特定条件下发生。

第一，离职员工在团队中有一定的影响力。当一名关键员工决定离开团队时，他的决定会对其他员工产生影响。如果这位员工在团队中有较高的威信，或受到其他员工的尊重，那么其他员工可能会认为团队和公司留不住优秀的人才，这会让其他员工感到不安或者不平，从而加剧离职传染现象。

第二，团队短期内连续有员工离职。当一个团队内连续出现员工离职时，其他员工可能认为这是团队的问题而非个人问题。他们会开始担心自己的职位和前途，觉得离职是唯一的出路。同时，这些员工在离开前可能会向其他同事透露自己的离职原因，或婉转或直接地动员这些同事也可以看看其他机会，这都会进一步加剧离职传染的程度。

第三，近期团队中有关键事件，比如重大变革、棘手的团队挑战等。当一个团队正在面临富有挑战性的关键变化时，员工往往会产生担忧和焦虑，甚至可能会对管理层的决策产生不信任。这种不确定性可能会导致员工在观望到其他同事离职后也索性决定离开。

所以，当你发现目前团队状况符合以上三种情况的一种时，就需要警惕连锁离职问题。那么，在你的整个团队中，哪些人是最容易受到离职传染影响的，最需要你关注的呢？

- 关键员工：在职的关键员工容易受离职的关键员工的影响。同为关键员工，他们所承担的责任、挑战、发展机会都差不多，那些在离职的关键员工身上未得到满足的诉求，往往也是他们的需求。前者选择放弃，或者谋求了更好的出路，往往给他们树立了一个参照，容易引发他们的效仿。

- 关系紧密的员工：在著名的盖洛普 12 个敬业度问题中，有一个这样的问题，"我在工作单位有一个最要好的朋友吗？"可见，有一位要好的朋友一起共事对员工的敬业度和留任度来说是非常重要的。那么相应的，如果团队中自己的好朋友选择了离开，势必会极大影响形单影只的另一位员工的留任意愿。
- 新加入团队的员工：新员工虽然还没有完全融入团队文化，也没有建立起稳定的人际关系，但却处在观望工作是否值得长期留任的敏感期。团队中离职的风吹草动，都可能影响他的决定。
- 低满意度的员工：如果一个员工已经对工作或管理层不满意，当他看到身边其他同事离职，可能就会认为这给他提供了做决定的勇气。
- 高度责任感的员工：高度责任感的员工可能会感到责任重大，认为他们必须在同事离职后接管更多的工作，特别是更有挑战的任务，这会导致他们感到更大的压力和不安。

稳定军心的策略

根据易发生连锁离职的条件和易被传染离职的聚焦人群，你可以从团队维度和个体维度出发，有针对性地采取干预措施，稳定军心。

团队维度

当一个关键员工离职，或接二连三有同事离职时，其影响往往会波及整个团队的士气和工作效能。管理者要善加干预，尽量把员工离职对团队的影响降到最低，通过以下方式，将可能产生的负面影响转变为积极的机会。

第一，不要猜不要传，而是自上而下地沟通离职情况。

有时候，你可能出于某些原因，不愿意将下属离职的事拿到台面上说，甚至下属都已经离开公司了，其他同事才后知后觉地发现。你可能是这样考虑的：

- 离职总归是负面事件，让团队知道会带来负面影响，不如就让大家自然地发觉吧。
- 这个下属跟大家也不怎么熟，或者他的工作跟其他人没有什么交集，没必要让大家知道。
- 我已经告诉几个同事了，慢慢地大家就都知道了。
- 这个同事是因个人原因离开的，不方便向大家透露。
- 这个同事其实是被劝退或被辞退的，为了保护这个同事的颜面，还是让他默默走吧。

虽然，这些想法不无道理，但问题在于作为团队成员，大家有权也有期待去了解身边的同事是否要离开，为什么离开。你不讲，大家一会认为他们不被信任，二会认为这其中定有内情，于是就去猜，并私下讨论。而越猜、越讨论，就离真相越远。

所以当下属确认离职，已经开始走离职流程后，你就可以：

- 和团队沟通该下属的离职决定，计划离开时间和交接计划。
- 当下属是因私人原因离开的，并且不愿意你告诉大家内情，可以用笼统的语言概括，或和离职下属商量好对外的说法，以此告知团队。比如，下属因家庭变故离开，可以告诉大家："前期工作压力比较大，他需要一段时间休息一下，调整状态。"

第二，对团队的健康度做全面诊断。

当团队内部出现接二连三的离职情况时，通常证明了团队内是存在机制上或管理上的问题的。如果这几位离职同事没有明确指向团队内部的问题，或者提出的问题比较分散，那么这时及时对团队问题进行诊断就十分必要。

访谈是一种有效的诊断方式，通过设计有效的问题，全面地涵盖从工作体验、绩效考核到职业发展、直属领导的管理等各个方面，倾听每个团队成员的反馈，了解团队内存在的问题，从而及时干预，让问题不要愈演愈烈或被忽视，避免引发更多人的离职。

因团队问题往往离不开管理的风格和策略，有些问题由作为管理者的你收集可能得不到真实的声音，所以引入第三方，比如人力资源部的支持，会是更客观、有效的方式。

个体维度

针对重点离职传染对象，可以采取以下措施。

第一，尽快安排一对一沟通，了解他对同事离职的想法，倾听他的诉求。

这样做可以让离职传染对象表达自己的想法和感受，让他感受到被关注和尊重。同时，这样做也有助于了解他是否存在离职的可能，及时采取措施。

第二，梳理离职员工的工作职责，将它转变为在职同事的发展机会。

经过梳理，你可能会发现未必要再补招一位新员工来承担离职下属的职责，而是启用有发展潜力和意愿的其他下属，通过授权、委派、教练等方式帮助其逐渐承担起这些职责，将离职同事的遗留工作转变为在职同事的发展机会。

第三，为担心要承担离职员工的职责而感到压力的同事打消顾虑。

在团队中，可能存在一些成员因担心要承担离职员工的职责而感到压力倍增。在这种情况下，可以通过倾听他们的期待，打消"一口吃个胖子"的顾虑，通过将职责分散给多位同事，或调整任务优先级和颗粒度，以小步快跑的方式来解决问题。比如，分阶段安排任务，逐步增加工作量，让团队成员逐渐适应新的工作职责。

第六节
把握下属离职的交接期，让好马也愿意吃回头草

小李是一名技术人员，他在公司工作了五年，一直表现出色。然而，由于个人发展的原因，小李决定离开公司，开始他的创业之旅。

离职的消息传开后，小李开始了为期一个月的离职前交接，这段本应是平稳的时光却变得令他感到失落和无所适从。他逐渐发现自己被排除在团队之外，原本热闹的午餐聚餐，他再也没有收到邀请；团队会议上的重要讨论，他被视为无关人员，再也没有被邀请参与。

这种被忽视的感觉让小李倍感失落。他曾是团队中的重要一员，积极参与各项工作，但现在却感到自己变得多余。他的工作职责也逐渐被转交给其他人，他渐渐觉得自己的存在变得无关紧要。

一次偶然的机会，小李在公司内部的社交平台上看到了一张团队庆功晚宴的照片，大家欢笑着庆祝项目的成功。小李发现自己没有出现在照片中。他心中的失落感达到了顶点，开始认真思考自己在这个公司的付出是否被真正看到和重视。

小李的这段经历是许多离职员工在离职交接期间所面临的现实。他们在这个阶段本应得到尊重和关注，但却感受到疏离和被忽视。这种情况进一步强化了他们离开公司的决定，使他们对公司和领导的感激之情大打折扣。

作为管理者，对人才的保留始于招聘时对候选人的吸引，终于他离职

不再是你下属的那一刻。然而，有时候由于各种原因，这个终点被提前到员工确认离职的那一刻。从确定离职到正式离开的这段交接期的体验，被很多离职员工评价为"人走茶凉的日子"。

在这个短暂但关键的时期里，员工经历了一系列的挑战和不适应。从一个活跃的团队成员到逐渐被边缘化，失去参与项目和决策的机会，他们感到自己的工作职责逐渐被转移给其他人，甚至有时自己被视为多余的存在。这种种变化让他们在工作中感到迷茫和无所适从。

同时，近因效应也在这段时间对员工产生了影响。他们更容易受到最近发生的事情和体验的影响，而这段离职交接期的负面体验可能会重新定义他们对公司和你的整体评价。这样的经历往往坚定了他们离开公司的信念。

我们应该认识到这段看似平淡又短暂的离职交接期实际上是对管理者智慧和领导能力的真正考验。 通过采取适当的措施和行动，我们可以为下属的离开画上一个完满的句号。这不仅能让下属怀着感恩之情离开，还能让他们对公司的认可延续下去，并影响更多外部人士对你公司的认同。甚至，在未来的合适时机，优秀的前下属有很大的可能选择再次回到公司。

那么，应该怎么通过主动的意识和行动去为下属塑造在这段交接期内积极的体验呢？只需要关注"五不要"和"五要"。

五不要

第一，不要持续、大量地增加工作量。

避免过度地向下属分配额外的工作任务或增加工作压力。这段时间本已是员工面临调整和离职准备的阶段，过多的工作负担可能会让他们感到不公平和不被重视，进而对公司产生负面情绪。

你这么做也许是出于接替的人还没有到位，担心工作有积压，或者是希望下属能够尽最后一份力，但在下属看来，他很可能认为他直到最后都在被压榨每一分劳动力。

第二，不要立马抽调下属的所有工作。

不要立即将他们负责的所有工作转交给其他人或者自己承担，否则可能会引发一系列问题。首先，这样的做法会让离职员工感到被排斥和失去存在感，他们可能会觉得自己的工作价值被轻视，甚至产生不被重视的情绪。

此外，立即抽调下属的所有工作也会给其他团队成员带来额外的负荷和压力。他们需要接手并适应新的工作职责，需要花费更多的时间和精力来完成原本由离职员工负责的任务。这不仅会影响团队的整体效率，还可能导致其他成员感到不公平和不满。适当的交接过程需要时间和平稳的过渡，以保证任务的连续性和质量。

第三，不要疏远员工或将其排除在团队活动之外。

即使员工即将离职，也不应将其排除在团队活动之外使其感到孤立。保持与离职员工的正常沟通和合作，邀请他们参与团队活动、会议或庆祝活动，让他们感受到仍然被认可和重视。

第四，不要立即切断下属参与任务和决策的权利。

尽管员工即将离职，但在离职交接期间仍应尊重他们的专业能力和参与权利。不要过早地将他们从项目或决策中排除，而是给予他们适当的参与机会。这不仅能保持团队的稳定性和工作效率，也能让员工感到被信任和重要。

第五，不要在离职交接期间给予员工过度的监督或干预。

离职交接期是员工自我调整和离开准备的关键阶段，不宜给予过多的干预和监督。过度干预会让员工感到被压迫和不自由，也可能对其自尊心和自信心造成伤害。相反，应该给予他们一定的自主权和空间，让他们以自己的方式完成工作。

五要

第一，沟通你的期待并倾听下属的意愿，确保双方达成一致。

作为管理者，在离职交接期间，与下属进行积极的沟通非常重要。首先，明确向下属传达你对于离职交接的期望和目标，让他们清楚知道你对于交接过程的重视和期待。同时，也要倾听下属的意愿和需求，了解他们对交接过程的想法和建议。通过积极的沟通，双方可以达成一致，并确保交接期的顺利进行。

第二，下属制订交接计划，由你提供反馈建议。

为了保证离职交接的有效进行，鼓励下属制定详细的交接计划。让下属列出需要完成的任务、交接的事项以及相关的时间表，然后你作为管理者可以对计划进行审阅并提供反馈和建议。这样的做法有助于确保交接工作的全面性和高效性，同时也让下属感受到你对他们交接工作的支持和关注。

第三，开放寻求下属对团队和管理的建议。

主动向下属寻求他们对团队和管理的建议是非常重要的。他们作为团队的一员，可能有独到的观察和想法。通过给予下属表达意见的机会，你不仅可以了解他们对团队运作的看法，还可以从中收集宝贵的反馈和建议。这种开放的沟通氛围有助于建立良好的合作关系，增加员工的参与感和归属感。

第四，给予真诚的感谢和肯定。

不要忘记给予下属真诚的感谢和肯定。他们在公司的工作和贡献都值得被认可和赞赏。通过口头或书面方式，表达对他们在团队中的努力和成就的赞赏，让他们感受到他们的工作得到了肯定和重视。这样的鼓励和认可可以增强员工的工作满意度和离职后对公司的积极评价。

第五，用心组织有仪式感的告别活动。

在员工离职的最后阶段，组织一个有仪式感的告别活动也是十分重要的。这个活动可以是一个小型的团队聚餐、送别会或庆功会等形式。通过这个活动，向离职员工表达对他们的感谢和祝福，回顾他们在公司的成就和贡献。这个仪式感的告别活动可以让员工离职时感受到被重视和珍惜，同时也为员工和团队之间的关系留下美好的回忆。

第七节
下属表现总是不达标，如何好聚好散

作为管理者，有时你会陷入两难的境地。一方面，你必须确保团队整体的绩效和目标的实现；另一方面，你也要确保下属作为个体的能力发展能够跟上团队的节奏。然而，当发现下属的工作表现在短时间内难以改进时，你往往会陷入决策的困境中。

或许你听过一句话，没有辞退过员工的领导不是好领导。这种说法给人一种印象，即为了证明自己是个好领导，你必须果断行动，痛快地将表现不佳的员工辞退。然而，实际情况往往更为复杂。面对你亲手招聘并培养的员工，甚至是曾经表现优秀，但现在跟不上变革下新要求的战友，在做抉择时，你可能会感到犹豫和拖延。

这份纠结背后，有四种典型的思维在左右你。

（1）不至于：你可能会认为辞退下属对他们来说太过严厉或不公平，尤其是他们曾经表现得很出色。你觉得他没有功劳也有苦劳，仍对他抱有改进的期望，或者没想到他的落后对团队造成的影响程度。

（2）不舍得：你可能与下属建立了良好的人际关系，甚至成了朋友。辞退他们可能会破坏这种关系，使你感到内疚和心痛。你珍惜过往你们建立的信任关系，不想伤害他。

（3）不忍心：你可能对员工造成的痛苦和困难感到难以忍受。辞退会给他带来失落感、自尊心受挫或财务压力，你不愿意成为下属遭遇困境的导火索。你希望自己一直是那个可以给予他支持和鼓励、帮助他重新振作的人。你担心对他的决策过于苛刻，会给他带来负面影响，甚至是其职业生涯的重大打击。

（4）不直面：你可能担心辞退员工会对你的领导能力和决策能力产生负面影响。同时，你会担心当你跟下属沟通离职时，他会质疑你的判断力，对你失去信任，甚至和你对峙。因此，你可能会推迟或回避做出辞退决策，希望通过其他方式解决问题。

在这些思维的纠缠下，局面往往会演变得更加难以收拾。可能会出现以下几种情况：

第一，你以为你跟下属说明白了，但下属却没有会到你的意。

在面对下属表现不佳时，你已经尝试与他进行了沟通和反馈。你认为自己已经清楚地传达了对其工作表现的期望，并与他讨论了改进的方法。然而，下属可能没有完全理解你的期望，以及并没有意识到如果达不成你的期望，他将面临什么样的后果。

第二，你迟迟没有做出辞退他的决定，却换来了其他优秀下属的主动离职。

当优秀的下属看到你对表现不佳的员工采取迟疑的态度时，他们可能会对你的管理能力和决策能力提出质疑。他们希望在一个高绩效的团队中工作，当感受到团队对低绩效员工的容忍和不作为时，他们可能会选择离开来寻找更好的发展机会。

第三，到了必须做决定时，你给了下属一个突然摊牌，下属一时难以接受。

在一段时间的观察后，你不得不决定与下属进行一次关键的谈话，涉及你对他的绩效问题的看法和终止雇佣的决定。而因为之前缺乏铺垫，这种突然摊牌对于下属来说大概率是个意外，他们会感到震惊、沮丧或失望。他们没有预料到自己的工作表现已经到达了这个临界点，或者他们不愿意承认自己的问题，甚至根本没有意识到。于是，你的谈话陷入了被动的僵局。

所以，为了规避以上情形，确保能和下属好聚好散，需要从思维上、时机上、方式上同时下功夫。

转变思维

管理动作的改变源于思维的转换，以下三种思维帮你确定辞退该下属是否是你正确的选择。

第一，对于一个优秀的管理者，及时做出艰难决策并主导艰难对话是必要的修炼和职责。

作为管理者，你需要有勇气面对艰难对话并及时采取行动。这意味着要能够正视员工的表现问题，并及时进行必要的沟通和反馈。辞退下属这样的决定，是为了整个团队和组织的长远利益着想。做出果断且公正的决策，是对团队整体绩效的关注和负责任的态度的表现。

第二，帮助下属尽早选择更适合他的机会，比将他固定在不适合的岗位上更有利于他的职业生涯发展。

如果发现下属的工作表现不符合岗位要求或团队需求，就应该帮助他们认识到这一点，并探讨和发掘其他更适合他们技能和兴趣的机会。下属在这份工作上表现不佳，不代表在别的工作上没有机会。尽早引导下属找到适合自己的方向，可以避免他们陷入职业瓶颈，并有助于他们的个人成长和职业发展。而因为种种顾虑将下属固守在不适合他能力发展的岗位上，看上去是为了他好，实际上他错失了及早找到更能发展自我的机会。

第三，带着尊重的职业化行为并不会损害你和下属的关系。

有时你难免担心，劝退这样的决策会影响你和下属建立的良好关系，让下属认为你放弃了他。但实际上，如果你在帮助下属改进上给了他理解、提升的时间和机会，并在他实在无法达到要求时，能始终对他保持尊重和积极的态度，那么下属会感受到你的良苦用心。

选择合适时机

在处理下属工作表现不达标的情况时，选择适当的时机非常重要。千万别等到实在忍无可忍，才突然跟下属谈请他离开，这样做不仅让下属措手不及，也可能对工作关系和团队氛围造成负面影响。

所以，及早介入是关键。当你开始察觉下属的工作表现存在问题时，不要拖延，及早进行沟通和反馈，让下属知道你对他们的期望和关注。通过早期干预，你可以帮助他们意识到问题的存在，并共同制订改进计划。这种早期介入有助于防止问题进一步恶化，并为下属提供改进的机会。

运用恰当方式

在下属的去留上，思维的转变推动你做出正确的决定，时机的选择推动你掌握干预的主动权，而运用恰当方式可以保障你达到预期的效果。想要达到好聚好散的效果，既要给予下属改进机会，又要关注走到劝退这一步时的谈话技巧。

首先，重视过程行动，其中包括以下三点重要事项。

第一，明确指出待改进的问题，期待达成的标准，并指出如不达标的可能后果。与下属坦诚地讨论存在的问题，并明确指出需要改进的方面。清晰地说明预期的标准和期望，以确保下属理解问题的严重性和必要性。同时，明确向下属表明如果问题未能得到改善可能产生的后果，以引起他们的重视。

第二，与下属针对改进计划达成一致。与下属合作制订改进计划是十分关键的一步。通过积极的沟通和协商，与下属一起探讨可能的解决方案和行动步骤。确保下属对计划的内容和目标有清晰的认识，并在制订过程中尊重他们的意见和建议，建立共同的合作关系和目标，这样将有助于激发下属改进的积极性和主动性。

第三，定期及时跟踪下属改进进度，给予反馈。与下属保持定期的沟通和回顾，了解他们的改进进展，并提供有针对性的反馈和建议。这种持续的支持和指导将帮助下属保持动力和方向感，同时也使你能够及时调整计划或提供额外的支持，以确保改进的顺利进行。

其次，进行劝退谈话。在通过双方一系列努力但仍未能达成预期目标时，就进入了最终的劝退谈话阶段。虽然有前期铺垫，但在谈话仍要注意以下几点。

第一，开门见山。在谈话开始时，直接表明谈话的目的和意图。坦诚地告诉下属，你们已经尽力合作和改进，但很遗憾他没有达到预期的目标。这种坦率和直接有助于消除猜疑和不确定性，让双方都明确当前的状态。

第二，有理有据。在谈话中，提供确凿的事实和数据来支持决策的合理性。引用过去的绩效记录、具体的案例或观察结果，帮助下属认识到问题的严重性，以及其持续的努力并没有取得足够的改善。确保所提供的信息客观、准确，以增加谈话的可信度和说服力。

第三，表达尊重与安慰。在劝退谈话中，表达对下属的尊重和理解是非常重要的。强调你认可他们在过去的贡献和努力，并表示你理解这对他们来说可能是一个困难的时刻。同时，提供情感上的支持和安慰，让他们感受到你关心他们离职后的职业发展和个人幸福。

第四，合理补偿。在劝退谈话中，提及对下属的合理补偿是必要的。这可能包括提供相应的离职待遇、帮助他们顺利过渡到新的工作机会或职业规划，或者提供其他形式的支持和帮助。提前咨询人力资源部，确保补偿方案公正合理，既满足组织的需要，也照顾到下属的权益和利益。

第五，提供选择。尽可能给下属提供一些选择和控制权，以便他们能够在离职的决定中有更多主动性和自主权。这可以包括讨论离职时间的安排、配合新工作的背景调查等方式来帮助他们更好地应对离职的挑战。

第八节 下属心手相随，六个字说尽底层逻辑

这一章我们讲解了多种挽留下属的方式方法，从如何早期识别、干预下属的离职倾向，到如何对提出离职的下属进行挽留。但其实，虽然这些方法能在不同程度上影响下属的留任意愿，但它们并不是起到决定性作用的做法。

挽留下属的目的，是让他们人在、心也在，而让下属能够心手相随，离不开一以贯之的底层逻辑——满足下属的核心需求：生存、关系、成长。

美国耶鲁大学的克里顿·奥尔德弗（Clayton Alderfer）在马斯洛需求层次理论的基础上，于1969年提出了一种新的人本主义需要理论。这个理论将需求划分为三个层次：生存需求（Existence needs）、关系需求（Relatedness needs）和成长需求（Growth needs），因而这个理论被简称为ERG理论。

生存需求，类似于马斯洛的生理和安全需求。它包括个体对于生存所需的物质条件，例如食物、水、住所，以及个体对于工作环境的安全和稳定的需求。

关系需求，指的是社交和尊重需求。它涉及个体与他人之间的关系、归属感和社交交往的需求。这包括个体对于友谊、家庭、团队合作和尊重的渴望。

成长需求，是个体需要自我完善和发展的需求。它涉及个体对于发展、个人成就和个人能力实现的追求，其中包括个体对于个人成长、挑战、创造性工作和职业发展的渴望。

与马斯洛的需求层次理论不同，奥尔德弗认为这三个层次的需求不是按照线性的层次逐步实现的，而是可以同时存在和互相影响的。例如，一个人可能同时追求生存需求和关系需求，或者同时追求关系需求和成长需求。当某一层次的需求无法得到满足时，个体可能会转向其他层次的需求。

奥尔德弗的 ERG 需求理论提供了对人类需求和动机的另一种理解方式。它强调了需求的复杂性和多样性，并提醒我们在满足员工需求时灵活和综合考虑不同层次的需求。

回顾本书前四章的内容，其实无一不是在遵循下属"生存、关系、成长"这六个字的核心需求，通过知人善任的领导力，和下属建立起紧密的纽带，并使其在不断看到自己的成长和更多可能性中选择陪伴企业和作为管理者的你走更长一段职业旅途。

这篇全书的最后一节，将会向你展示这六字的底层逻辑是如何嵌入从选到留这一全过程的（图 5-2）。

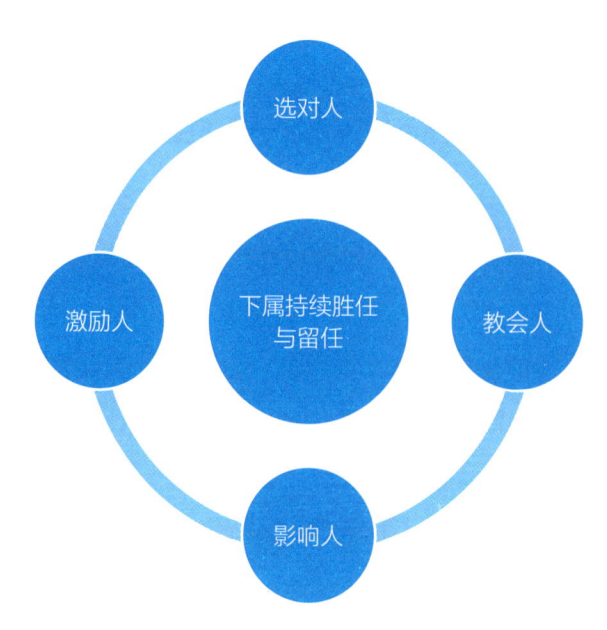

图 5-2 管理者的用人之道

选对人

应聘时是候选人体现个体需求最集中也最直接的时机。准确识别他的需求，再将你能提供的与之最大化地匹配，即打下了和新人最早期却也是起奠基作用的基础。

生存需求：

面试时，关注候选人的求职外动机，识别在客观条件上候选人最刚需的是哪些方面，以及持有何种程度的期待。比如，薪水的底线、通勤时间的预期、工作与生活平衡的期待、工作强度的接纳程度等。

将这些需求一一对应到你能提供的方面，在能满足甚至高于候选人期待的部分去吸引他，在与他的期待有差距的方面与他澄清讨论，试图找到可以平衡需求的点。

成长需求：

重视候选人的成长需求，通过他过往的经历、面试中对你进行主动提问时的关注点，识别出他对什么领域感兴趣、有优势，想在什么方面实现长足发展。

主动向他介绍你能提供的学习、成长机会，以及职位的发展路径，让他看到在你这里将能如何一步一步地实现个人成长。

关系需求：

在招聘阶段就跟他建立良好的互动关系，耐心解答他的问题，对他的回答表达兴趣和关注，为他争取更好的待遇，确保在入职前就建立起他对新团队和新领导的初步归属感。

教会人

成长需求：

每一回布置工作任务，都澄清任务目的、充分互通想法，让下属养成带着清晰的思路和逻辑开展工作的习惯，并尽量减少因为任务布置不清楚而导致下属多次返工，帮助他从任务的有序实现中找到成就感，并逐步增加任务的复杂度。

依据下属所呈现的成熟度的阶段不同，运用情境领导力，因人而异、因时而异地选择适合他的辅导方式，让下属在信心不足时有清晰的指令，在能力充足时有足够的授权。

在下属向你求助时，分析该任务是否是他的职责所在，以及他是否有能力跳一跳接受挑战，并将属于他的"猴子"按回他的肩上，不因你的过多承担而使下属错失自我成长或试错的机会。

抓住每一个赋能下属的机会，善用教练式提问的方式，让下属从"你说我做"向"你问我想"来转变。帮助下属在思考中找到问题的答案，在付诸实践印证答案的过程中找到自信。

影响人与激励人

关系与成长需求：

当下属犯错必须指出他的问题时，做到先调查清楚再做判断，对事不对人，并展现积极提供支持的态度，帮助下属认识到他要改进什么，为什么需要做出改进，以及该如何改进。此外，通过表达尊重与信任，减轻下属改错中的受挫情绪，让他视犯错为成长的机会，并意识到犯了错只要积极地去改进，并不会影响你对他的评价，甚至能得到更多的认可。

遇到易冲动、一点就着的下属，你要先做到不被他的情绪所干扰，然后引导下属识别他当下的情绪和来源，教他把负面情绪转化为积极的行为，让他理解不加调整的负面情绪宣泄会给他的发展及团队的工作带来什么样的影响，激发他改变自我的动力。

面对敏感、易感到委屈的下属，要耐心聆听下属的讲述，通过"我理解你""你一定觉得很委屈"这样的话语让下属感受到他的情绪是被理解和看见的，挖掘下属委屈背后的情感需求或工作上的挑战源头，帮助下属想办法解决问题，让下属感到自己不用一个人承担全部责任，是可以通过你的支持来改善问题的。

每当发现下属做得好的地方，不管是行动、想法还是意识，都能选择合适的场合真诚地表达欣赏和感谢，而不把下属的进步、主动承担等当作是理所应当。让下属通过你这面镜子照见自己每一分有价值的付出和进步，也在你的欣赏下进一步提升自我效能感。

和下属建立二号关系，把对方从只看作一个履行职责的"角色"，转变为看作一个整体的、有名带姓的人。主动将你的故事、想法适度袒露给对方，让下属愿意打开自己，让你了解更完整的他。让双方除了工作关系，逐步建立朋友般的了解与默契。

这些在不同阶段、不同场景下满足下属不同需求的情景，其实没有顺序，而是融合在一起的。正如奥尔德弗在 ERG 需求理论中所强调的，这些需求可以同时存在并且互相影响。所以，对下属的激励、赋能与保留，是润物细无声般地在日常工作中自然而然地渗透的。

以下这些问题，可以帮助你察觉是否在日常工作中关注到了并且主动尝试满足下属的这些需求。

生存问题：

- "我是否知道这位下属认为他得到了公平的薪酬待遇，并且认为这份薪酬待遇能够匹配他的付出与成绩？"
- "我是否了解这位下属为什么选择在这里工作而不是其他组织？"
- "我是否知道这段时间这位下属的情绪、身体健康和整体状态是否良好？"
- "我是否了解这位下属对工作综合情况的满意度？"

关系问题：
- "我是否与这位下属保持开放、信任和相互尊重的关系？"
- "我是否知道这位下属的价值观与组织的价值观和文化一致？"
- "我是否知道这位下属与其他同事或合作伙伴的关系如何？"

成长问题：
- "我是否了解工作环境是否符合这位下属的个人和职业需求？"
- "我是否了解并支持这位下属拓展他的兴趣或才能技能？"
- "这位下属是否对自己的工作表现出热情和热忱？"
- "我是否知道这位下属当前的工作与他的长期目标一致？"
- "我是否正在与这位下属积极合作，使他朝着他的职业目标努力？"
- "我是否积极支持这位下属通过培训和具有挑战性的学习机会进行发展？"

价值笔记
The People-Centered Leader

做好新人的入职体验，让他们顺利度过摇摆期

- 新人通常需要 90 天的时间来证明自己在新岗位上的能力，同时稳固自己长期留任的决心。
- 新人在新岗位上越感受到受欢迎、越认为自己准备充分，就能越快地为实现岗位价值发挥自己的能力，越坚定地认同新工作与自己的匹配性。
- 好的入职体验需要从甄选、自我效能、职责清晰度、社交融入度、企业文化知晓度五个方面来下功夫，促进新人的成功入职与留任。

善用谈话，把保留下属的功课做在前面

- 当下属决定离职时再去干预未免被动，要在其离职念头的萌芽期，甚至还没有产生想法时，就用保留的态度和方法提升其稳定性。
- 重视入职谈话：通过有效的交谈，既对新人多一份了解，又让对方感受到你从他入职起就重视他的长期留任，并愿意为此付出精力与时间与他沟通。
- 开展定期的留任面谈：通过周期性面谈了解下属的工作状态，获知下属留任的驱动点，预测他的离职倾向，并规划必要的干预措施。

了解核心下属的状态与诉求，提升挽留的成功率

- 越优秀的下属越容易产生职业倦怠，对于因职业倦怠产生的离职，预防

的作用远大于"救火"。在发现倦怠的苗头时，通过帮助下属调整工作节奏，抓大放小，规划未来发展等，来使他度过这段倦怠期。
- 核心下属一旦请辞，在你采取应对措施时需注意：立即干预不拖延，在一定范围内将下属的离职信息保密，并快速识别下属的请辞类型。
- 分析下属的请辞类型，是一时冲动型，纠结不定型，还是心意已决型，再根据具体类型来采取相对应的干预措施。

— 后记 —

大约是十年前，我去我的前领导家里做客，随行带去一本书送给她。她接过书，对我说了这样一句话："Aileen，我觉得有一天，你也可以出一本自己的书。"当时我嘴上说着客套话回应了她，但其实，这句话在我的心里泛起了一圈又一圈的涟漪。

其实在此之前，我就有一个将职业生涯上的所学、所做、所感分享给更多人的理想，它像一个小火苗，若隐若现，我自己也尚未清晰笃定。前领导的这句话，是第一次有一个人，将我心里所想所愿清晰地表达了出来，可以说，她替我肯定了自己的愿望。

奇妙的是，去年，我和一位前下属聊天，无意中聊起最近看的书的话题，她竟然说了一句和我的前领导十年前说过的一模一样的话："我觉得有一天，你也可以出一本自己的书。"其实那个时候，我已经在默默地筹备这本新书了，只是时机未到，我谁也没有说起。我品味着跨越十年这一模一样的话，笑而不语。

我想到了什么呢？如果用一个比喻来形容，我的感悟是：领导力就像一面镜子，既照见自己，又照见他人。

领导者是下属的一面镜子。借由领导的观察、识别、理解，通过其有效的反馈，下属得以照见职场中的自己是谁，擅长做什么，有什么提升点，又有什么自己尚未看见的机遇。

与此同时，下属也是领导者的一面镜子。在和下属的互动中，领导者借由下属的表现、反馈，得以看见自己哪里做得好，哪里有局限，哪里有新的自我成长可能性。

在职业生涯中，那些让我们有所成长、看见自我的人，不管是我们的上级还是下属，都是我们的贵人。同时，作为领导者的我们，也是他人的贵人。

我得以写成这本书，也无不是靠一路贵人相助。

感谢我的历任领导、团队的小伙伴们，书中的各种痛点、案例、方法论总结，大多数都受启发于我在带团队时的真实管理情境，感谢他们使我在领导力方面有机会不断学习和践行。

感谢我的好朋友，一位深耕沟通领域十六年的培训师，也是畅销书《HR教你做团队沟通》的作者——安吉小丽娜。从我把写书的想法变成决定，到把决定变成现实，她把所有经验都毫无保留地给了我，让我的写书之路走得笃定又充满力量。

感谢我的编辑老师。当我因日常事务繁忙想要拖稿时，赵老师用"可以晚交一点点"这温和而坚定的几个字，让我提振起精神，快马加鞭地做到了按时交稿。当我看到我的十四万字稿件被赵老师逐字逐句地审核和提出改进意见时，当她和我不断头脑风暴，提出各种让我拍手称赞的书名方案时，当她反复与我商议图书排版、封面设计，以精益求精时，我感到自己非常幸运。

最重要的是要感谢秋叶大叔。秋叶大叔不光让我认识了很多优秀的前辈，还给本书提供建议，帮助我定位到了最适合的方向，圆了我的写书梦。可以说，是秋叶大叔让我看到了自己更大的潜能，建立了"我可以"的强大信心。

感谢我的爸爸、妈妈和婆婆，尽心尽力爱着我的这个小家，让我能有余力做自己。感谢我的先生苏伟，了解我、理解我，总在我最需要支持的时候坚定地做我的后盾。

此外，我想把本书献给我的两个女儿，大女儿习习和小女儿悠悠。你们给了我这世上最美好、最珍贵的礼物——无条件的爱与信任，是这份爱让我总是深感幸福，是这份信任让我总是充满勇气。谢谢亲爱的女儿们，让我总想再努力一点成为一个更好的自己。

最后，特别感谢读到这里的你——本书的每一位读者，是你的选择，让我的"创造"得以被看见，让我获得源源不断的能量，并持续前行。